Autre ouvrage de Lynne Burney

Pèlerin un jour, Coach toujours

Éloge de *Un frère s'en vient, un frère s'en va...*

Ce récit très personnel et sincère commence par la description des émotions de Lynne lorsqu'elle apprend, de façon totalement inattendue mais très réjouissante, qu'elle a un frère aîné. Cette excitation est toutefois quelque peu tempérée par le fait que l'existence même de ce frère est un secret de longue date et qu'elle restera un secret en dehors des proches. Son enthousiasme d'avoir «découvert» un grand frère ne tient pas compte de l'impact de cet événement sur sa mère ou son père.

Le récit de la joie qu'elle éprouve dans les années qui suivent en apprenant à connaître son frère est tempéré par le fait qu'il reste un «secret». Tout au long de l'histoire de son frère et de sa mère, on sent poindre le regret de ces conversations qui n'ont pas eu lieu, de ces interrogations auxquelles on n'a jamais répondu. C'est un rappel que la vie n'est pas infinie, que nous devons chérir le temps que nous passons avec ceux que nous aimons et nous assurer que les questions auxquelles nous cherchons des réponses ont été posées et explorées.

Tout au long du récit, nous avons l'impression que Ross est une personnalité plus grande que nature, sympathique et charismatique, très compétente et performante sur le plan professionnel, mais dont la vie privée est parfois chaotique et en contradiction avec sa réussite. Lynne reste avec des questions sans réponse au sujet de la vie complexe mais bien remplie que son frère a menée.

Moyennant quoi, on reste persuadé que, malgré tout, Lynne aimait de tout son cœur son frère et sa mère.

Je recommande vivement la lecture de ce livre poignant et parfois amusant. Il vous touchera et vous incitera à réfléchir aux relations qui sont importantes pour vous, lecteur.

Marilyn Welsh, cadre supérieur dans la haute-fonction publique et dans des organisations non gouvernementales, ex-épouse de Ross et mère de James et Emma, ses enfants.

———————————

Un frère s'en vient, un frère s'en va est un livre qui vous accompagnera longtemps après avoir tourné la dernière page. Il témoigne du pouvoir durable de la famille, du pouvoir curatif de la vérité et de la beauté transformatrice des expériences partagées. Que vous ayez vous-même un frère ou une sœur ou que vous naviguiez simplement dans le réseau complexe des relations familiales, ce livre vous fera rire, pleurer et vous donnera un profond sentiment de déjà-vu.

Avec une honnêteté sans faille et un amour douloureux, l'autrice plonge dans l'enchevêtrement des secrets, des sacrifices et des vérités inavouées qui lient entre eux frères et sœurs. J'ai ri, j'ai pleuré et, surtout, je me suis reconnue – avec mes propres joies, mes vulnérabilités et les complexités qui tissent le canevas de chaque famille.

Ce livre n'est pas seulement une histoire, c'est une invitation à explorer votre propre histoire. Des questions stimulantes à la fin de chaque section vous guident vers l'intérieur de vous-même, suscitant des moments « waou » et remettant en question vos confortables croyances. Ces questions agissent comme de douces incitations, reflétant votre propre histoire, vous invitant à l'introspection, à la découverte de vous-mêmes.

Le talent de l'autrice réside dans sa capacité à brosser un portrait réaliste des personnages, de leurs joies et de leurs peines, de leurs forces et de leurs vulnérabilités, à l'image des personnes que nous connaissons et que nous aimons. Vous vous surprendrez à hocher la tête en signe de reconnaissance, à rire des bizarreries qui vous sont familières, à retenir vos larmes dans les moments de profonde vulnérabilité.

Plongez donc dans ce récit captivant. Laissez-vous guider par la voix de l'autrice et préparez-vous à être touché, interpellé et, en fin de compte, transformé par les échos des secrets de famille et par le langage universel de notre humanité commune.

Jennifer Sanders, coach et consultante

Un frère s'en vient, un frère s'en va

Traduit de l'anglais par Richard de Vendeuil,
Michèle Batany et Béatrice Bernard

UN FRÈRE S'EN VIENT, UN FRÈRE S'EN VA

L'histoire de 3 anniversaires, 2 funérailles et 1 mariage

LYNNE BURNEY

ÉDITIONS LKB
PARIS, FRANCE

Éditions LKB

Paris, France

Copyright © 2024 par Lynne Burney. Tous droits réservés.

Cataloging-in-Publication Data is on file with the Library of Congress
(en anglais seulement)

Livre de poche ISBN : 978-2-9584245-5-8

Livre électronique ISBN : 978-2-9584245-6-5

Book design by Christina Thiele

www.lkb-coaching.com

À mon frère, Ross
Rencontré si tard - perdu trop tôt
À ma mère, Maureen
Personne ne réussit son boulot de mère du premier
coup.
À mon père, Brian
Je ne me souviens que des bons moments.
À ma sœur Maxine, peintre des voyages de la vie
Tu es là quand ça compte.
A mon fils, Christophe
Chacun et chaque chose a sa place.

Sommaire

Préface de l'autrice

Comme dans toute vie, il y a un début et une fin. Ce qui se passe entre les deux, c'est ce qui fait les histoires. Certaines histoires ne demandent qu'à être racontées, d'autres sont plus rétives ; elles attendent patiemment que leur conteuse se manifeste. Lorsque cela arrive, elle prend chaque événement, l'habille d'un tissu et d'une couleur de son cru et le raconte d'une manière qui vous convainc qu'elle dit la vérité. C'est là l'essence même d'une bonne histoire.

A l'origine, cette histoire s'intitulait « Traumatismes ordinaires », d'après l'étymologie du mot grec, qui signifie « blessure ». La vie blesse et qui pourrait dire, en toute honnêteté, que la vie n'a pas été reçue comme une blessure d'une manière ou d'une autre ? Mais utiliser le mot « ordinaire » pour décrire un traumatisme pourrait diminuer le sens des dommages causés à de nombreuses personnes qui ont vécu des événements traumatisants. Ce livre aurait pu s'intituler « Secrets de famille ». Ils font en effet des ravages dans un système familial, mais ils ne présupposent pas un traumatisme. Finalement, son titre en anglais est « *Brother Come,*

Brother Go ». Le ton est léger, à l'image de l'expression « C'est la vie ! ». On y parle de certains traumatismes, de secrets, de beaucoup d'amour et de perte, mais surtout de la vie d'une famille ordinaire. Les personnages rient, aiment et pleurent. Les blessures sont parfois béantes et suintantes. Les pansements ne tiennent pas toujours et le médecin n'arrive pas toujours à temps. Cela s'appelle la vie et elle va et vient.

Avant tout, c'est mon histoire.

Avant-propos

Dans la préface de son livre *Brother Come, Brother Go*, Lynne écrit : « chaque narrateur habille les événements d'un tissu et de couleurs de son cru et les raconte d'une manière qui vous convainc qu'il dit la vérité ».

Alors, dit-elle la vérité ?

Son titre et son clin d'œil à la narration ainsi qu'à la vérité m'invitent à entrer dans les sphères de la thérapie et du bouddhisme, deux domaines dans lesquels je suis profondément impliquée professionnellement et personnellement. Voici ce que j'ai trouvé.

Il s'agit d'un récit où une expérience unique et spécifique, celle de Lynne et de sa famille néo-zélandaise, croise le voyage universel de notre expérience émotionnelle commune de la vie et de la mort.

Comme Lynne le mentionne dans sa préface, le titre du livre était à l'origine « Ordinary Traumas » (Traumatismes ordinaires) et, compte tenu de mon expérience professionnelle en tant que thérapeute, je suis profondément sensible à la manière dont la prise de conscience des traumatismes a explosé dans le monde de la santé mentale depuis que le Dr Bessel van der

Koch a redéfini les traumatismes comme étant relationnels. Son travail révolutionnaire a ouvert la voie à l'utilisation courante du terme « traumatisme ».

Oui, l'origine du mot vient du grec qui signifie « blessure », comme le souligne Lynne. Oui, « les blessures sont parfois béantes et suintantes, les pansements ne tiennent pas toujours et le médecin n'arrive pas à temps ». Je suis d'accord avec Lynne lorsqu'elle écrit : « Cela s'appelle la vie, ça va et ça vient ».

Alors pourquoi lire cette histoire ? Que pouvons-nous apprendre de l'expérience unique de Lynne qui nous concerne tous ? Que pouvons-nous apprendre sur la façon de gérer les « choses » de la vie ? La description habile que fait Mark Epstein de l'expérience de l'éveil vécue par le Bouddha il y a plus de 2 500 ans m'a aidée. C'est une ligne directrice pour faire face à la vie et à son potentiel quotidien de traumatismes. Je suis frappée par la façon dont l'histoire de Lynne me rappelle une fois de plus les chemins pour passer de la souffrance à la fin de la souffrance. Le livre de Lynne en offre un exemple au lecteur. En tant que thérapeute et bouddhiste, le moment est opportun pour reconsidérer la définition traditionnelle du traumatisme et revisiter les leçons du Bouddha. Qu'est-ce que cette nouvelle pensée ? Quelles sont ces leçons séculaires ?

1. Le traumatisme est une réalité de la vie et non un échec ou une erreur. Regardons les choses en face.
2. La voie à suivre est la voie à traverser.
3. La conscience de soi nous guide.
4. Il existe un foyer relationnel pour tous nos sentiments.

Leçon 1 : Faire face à ce qui est.

Pour citer Mark Epstein dans son livre *Everyday Trauma* :

« Si l'on peut considérer le traumatisme comme un fait, et non comme un échec, on a une chance d'apprendre des coups durs que nous rencontrons sur notre route.... Les traumatismes de la vie quotidienne, s'ils ne nous détruisent pas, deviennent supportables, voire éclairants, lorsque nous apprenons à les aborder différemment. »

Cette leçon a été apprise par Lynne dans sa famille de Nouvelle Zélande. Même lorsque certains membres de sa famille choisissent le chemin du déni et de la dissociation des inévitables douleurs de la vie, Lynne tente de faire face à ce qui peut la choquer et la blesser par une approche différente de son héritage culturel.

Cela peut nous aider à nous confronter à notre propre impermanence. Utilisons-nous les attitudes qui nous ont été transmises par notre culture familiale ? Voyons-nous les choses différemment des autres membres de notre famille ? Quels secrets sont encore dans nos archives familiales ?

Le premier thème de Lynne est le secret : son histoire commence par la révélation d'un secret de famille. Elle refuse de s'empêtrer dans des questions sur le passé que ses parents ont créé ; au lieu de cela, elle prend un autre chemin.

« Je sais par mon travail que la honte et le blâme sont des tueurs. Quand je regarde mon frère, je ne vois pas la honte de ma mère et je ne sais pas qui blâme qui, ni pour quoi. Est-ce que Maman reproche à Papa ses années de silence ? Est-ce que Papa blâme Maman parce qu'elle a abandonné son fils sans le consulter ? Est-ce vrai ? Je ne sais pas.

En ce premier jour de sa vie dans notre famille, ces pensées souterraines ne font pas surface pour devenir une conversation. Nous ne parlons pas des pourquoi et des si, nous célébrons le MAINTENANT ! »

Aurions-nous su faire cela ? Choisir le moment présent, où la joie pouvait être totale ? Merci, Lynne, pour cette leçon qui nous apprend que lorsque nous faisons face à une situation, nous rencontrons l'éternel maintenant, où tout est potentiel. Nous avons le choix.

Leçon 2 : La voie à suivre est celle qui traverse les épreuves.

L'histoire de Lynne aurait pu s'arrêter à une fin heureuse, mais au lieu de cela, elle se poursuit sur la blessure de la perte. Ce qui lui permet de s'en sortir, c'est l'histoire passionnante des sentiments qu'elle éprouve en accompagnant ses proches vers la mort.

Leçon 3 : La conscience de soi est notre guide.

Nous savons aujourd'hui que les traumatismes ne sont pas causés par des événements traumatisants, mais par la manière dont nous les abordons. Comment Lynne va-t-elle vivre ces pertes inévitables ? Que pouvons-nous apprendre d'elle ? Pouvons-nous nous laisser aller à explorer la plénitude de nos pertes sans perdre notre point de référence, notre conscience de soi ? C'est ce que fait Lynne dans son récit.

Leçon 4 : Il existe un foyer relationnel pour tous nos sentiments.

L'histoire des sentiments de Lynne vis-à-vis de son frère, son père et sa mère, et envers la Nouvelle-Zélande qui les a tous maintenus dans ses schémas culturels, est une histoire d'inclusion. Nous sommes introduits dans leur monde, dans leur héritage. La richesse des passions et des réalisations de Ross au sein de sa communauté est une histoire en soi. Les sentiments de la jeune femme pour son père sont simples : elle a pris ce qu'il avait partagé avec elle, tandis que ses sentiments envers sa mère émergent dans toute leur complexité. Les blessures, les déceptions, la colère ne sont pas cachés, de même que l'émergence d'un amour et d'une acceptation profonde.

Nous avons donc ici l'histoire de Lynne qui trouve un refuge pour ses sentiments, nous montrant la résilience que nous, les humains, pouvons créer par la manière dont nous nous rapportons les uns aux autres et à nos traumatismes quotidiens. Les traumatismes peuvent devenir supportables et même éclairants.

Essayez ce récit – il vous mènera peut-être au vôtre !

Jennifer de Gandt

Thérapeute – pionnière en France de la PNL et du Clean Language

PREMIÈRE PARTIE

Joyeux anniversaire

« Nous avons quelque chose à vous dire», a dit mon père.

Je sais ce qui m'attend. J'ajuste ma position assise à la table : je redresse mon dos et je pose mes pieds, légèrement écartés, à plat sur le sol. Je suis prête à recevoir la nouvelle que, après toutes ces années d'insatisfaction, ils vont enfin se séparer.

«Que diriez-vous si vous aviez un frère ?»

Il est dix heures par une froide nuit d'hiver en Nouvelle-Zélande. La question fait le tour de la table et se fige dans l'espace entre la fin du plat principal et le gâteau d'anniversaire. Je ne bouge pas. Je sais que je suis assise en face de ma mère, que ma sœur est à ma gauche et mon père à ma droite. Mon fils de dix ans a quitté la table. Mon père a lancé sa balle avec effet depuis sa place habituelle en bout de table ; son ton décontracté suggère qu'il pourrait demander une deuxième tranche de rôti.

Mon père appartient à cette génération d'hommes néo-zélandais qui ne disent pas grand-chose d'important en compagnie de femmes. Je ne sais pas si ces hommes n'ont rien à dire ou s'ils se taisent en présence de femmes. Je ne me souviens pas avoir jamais été invitée à franchir la barrière du badinage avec mon père, et je n'ai donc aucune idée de ce qu'il pense à ce moment-là. Je me sens comme suspendue dans l'espace. Mon père, en revanche, est capable de rester calme lorsqu'il reçoit de la merde en pleine figure. C'est peut-être une réminiscence de ses années dans la marine. Je n'en suis pas sûre, mais j'en ai été témoin à plusieurs reprises pendant mon enfance.

Je me souviens qu'à l'âge de quinze ans, je me suis rendue à une fête où j'ai bu du cidre pensant que c'était du jus de pomme pétillant. Mon chaperon m'a reconduite à la porte de notre maison aux petites heures du matin, complètement ivre. Papa m'a assise sur le lit, a fait une tasse de chocolat chaud en murmurant avec sympathie que j'allais avoir « un sacré mal de tête ». Maman, quant à elle, m'a balancé quelques mots bien pensés pour me faire honte et me punir. Elle criait son inquiétude, mais j'étais trop jeune et trop imbibée pour entendre, derrière la peur, l'amour qu'elle me portait.

Aujourd'hui, assis autour de la table, fêtant mon quarante-deuxième anniversaire avec ma famille à Napier, je ne pense plus à ses craintes et, encore moins, à son amour.

Comme si la question de Papa était son déclencheur, ma mère se lève et commence à ramasser nos assiettes, à racler les restes sur l'assiette du haut. Elle range soigneusement les fourchettes et les couteaux sales par-dessus les restes.

« Ça a ruiné notre mariage », marmonne-t-elle en rougissant avant de tourner le dos à la table.

« Cela m'a fait mal aussi », ajoute mon père à voix basse dans un rare moment de vérité personnelle. Cela vient en totale contradiction avec le père que je connais. Je n'arrive pas à assimiler sa déclaration pour l'instant, mais je ne l'entends pas comme une accusation.

D'une manière ou d'une autre, ma sœur, de six ans ma cadette, sait que ce frère est l'aîné et que j'ai perdu mon rang. Elle s'exclame avec une joie non feinte : «Ha ! Tu n'es pas la première !»

Mon esprit s'embrouille de données non élucidées, de bribes d'informations qui s'entrechoquent à travers les strates du temps. C'est comme si je regardais des pièces de puzzle tournoyer dans l'espace. Soudain, elles s'emboîtent. Je vois une machine à sous dans une salle de jeux. Une rangée de fruits identiques s'aligne et la machine clignote : c'est le JACKPOT ! Des pièces de monnaie jaillissent de son étroite bouche métallique. Leur cliquetis me pousse à devancer : « Quand allons-nous le rencontrer ? »

« Demain. Il arrive pour le week-end. » Une réponse

simple de mon père.

Si sa première balle avec effet avait déjà secoué l'onde sereine de cette réunion de famille, sa deuxième allait provoquer un tsunami. Dans la foulée, ma sœur et moi gagnons un frère, mon fils, un oncle, et mes parents, un fils. Dans les décombres, seul persiste un secret de famille.

« Pourquoi ne nous as-tu pas dit que nous avions un frère ? » demande ma sœur, passablement indignée.

« J'aurais voulu l'emporter dans la tombe sans vous le dire, mais il m'a appelée, dit Maman comme si elle répondait à un procureur.

Je demande « Quel âge a-t-il ? », ignorant la formule terriblement honnête de ma mère.

« Quarante-trois ans ».

Mon cerveau est rempli de chiffres et de questions : je suis née en juillet et j'ai quarante-deux ans. Il a quarante-trois ans. Quel mois est-il né ? Techniquement, comment est-ce possible ? Où est-il né ? Maintenant que la boîte de pandore est ouverte, rien ne vient perturber mes calculs fébriles, pas même la pensée de ce que peuvent ressentir Papa et Maman. Je suis imperméable à ce que l'on ressent lorsqu'on lâche dans l'univers un secret gardé pendant quarante-trois ans. Il y a la façon dont il va prendre forme, taille et couleur et appartenir au monde. Il y a aussi la façon dont il ne pourra plus jamais revenir dans les bras silencieux d'une future mère. Il y a encore la façon dont le paysage de tous nos mondes vient de changer, de façon permanente. Rien de tout cela n'est au premier plan de mon esprit à ce moment-là.

Seulement « Quel est son nom ? » Prononcé sans agitation visible.

« Ross », répond-elle sans émotion visible.

Je me dis *Comme c'est beau !* Je tourne son nom dans ma tête, n'osant pas encore le prononcer à voix haute. J'entends une syllabe brève et nette « Ross ».

Je me répète intérieurement, *j'ai un frère qui s'appelle Ross. J'ai un frère qui s'appelle Ross, qui est plus âgé que moi et qui vient pour le week-end,* le tout en m'efforçant de rester calme, de garder le contrôle, d'être à la hauteur de la situation - comme toujours - comme attendu.

Sous le coup de son émotion initiale, ma sœur, qui réalise que je ne suis pas sa grande sœur parfaite, mais la seconde dans la lignée, commence à spéculer sur ce qu'elle pourrait offrir à notre frère en guise de cadeau de bienvenue à la maison. Je ne l'écoute qu'à moitié, même si je souris et fais des signes de tête encourageants dans sa direction.

Je me promène dans le temps à la recherche d'indices sur l'existence de Ross. Un souvenir remonte à la surface. Je suis debout avec ma mère à côté de l'armoire à linge, dans le couloir de notre maison de six pièces au 20 Achilles Street, à Christchurch. Je dois avoir onze ou douze ans. Nous parlons des anniversaires. Je me souviens qu'elle s'est trompée sur l'année de ma naissance. Elle se trompe d'un an. Je saute sur l'écart en jubilant et exhibe ma toute nouvelle connaissance d'un mot d'adulte. «Tu veux dire que je suis un bâtard ! » Je suis fière de lui montrer que je sais que si vous êtes né hors mariage, vous êtes un bâtard. «Tu as dit que j'étais née en 1951, mais Papa et toi vous vous êtes mariés en 1952. Je n'ai aucun doute sur ma légitimité et je suis donc surprise qu'elle ne soit pas aussi ravie que moi de l'étendue de ma culture. Nous savons toutes les deux que je suis née en juillet 1952. Son visage vire au rouge et elle corrige son erreur d'une voix troublée. Elle est manifestement agacée et n'apprécie pas du tout les mots choisis.

Il est étrange que ce souvenir soit resté en moi pendant plus de trente ans et qu'il me revienne aujourd'hui avec une grande clarté. Je savais sans le savoir que quelqu'un manquait.

Je me demande si Maxine n'a pas, elle aussi, un souvenir semblable au mien. Bien plus tard dans sa vie, elle confirmera qu'elle s'était également souvenue de la fois où elle avait annoncé à table, à Napier, alors qu'elle était au lycée et que je ne vivais plus à la maison, qu'elle aurait aimé avoir un grand frère. Elle s'est souvenue qu'après cela, il n'y avait plus de conversation possible.

Nous savions toutes les deux, sans le savoir, qu'il manquait quelqu'un dans nos vies.

Je me remémore ce dîner de juillet 1994, celui du tsunami, et je me mets à l'écoute de l'excitation de ma sœur. C'est captivant et je me joins rapidement à elle pour essayer d'imaginer le genre de personne que nous rencontrerons demain soir. Je me concentre également, en silence, sur ce que je vais porter. C'est comme un rendez-vous à l'aveugle : ne pas être trop sexy – c'est un premier rendez-vous -, ni trop classique – c'est ennuyeux -, ni trop chic – ne pas en faire trop -, ni trop décontractée – ce serait dire qu'on ne se sent pas concerné... Que dois-je porter pour accueillir un frère de quarante-trois ans que je n'ai jamais rencontré ? Quel genre de cadeau pourrait lui faire sentir qu'il est le bienvenu après une si longue absence ?

Ma sœur et moi restons à table. Maman continue de déplacer la vaisselle et fait des allers-retours dans la cuisine, sans rien dire. Papa reste à sa place en bout de table et suit notre conversation. Pendant que ma sœur et moi parlons de cadeaux de bienvenue, je me demande ce que nos parents ressentent à l'idée que leur fils vienne rencontrer leurs filles.

Tout ça est trop brutal pour moi.

«J'attendais son appel depuis quarante-trois ans», ajoute-t-elle

Comment est-il juste possible d'attendre quarante-trois ans que votre enfant vous appelle ? Quel cadeau de bienvenue pourrait compenser quarante-trois ans de silence ?

N'empêche, je suis moi aussi très enthousiaste. Combien de personnes reçoivent un frère en cadeau de quarante-deuxième anniversaire ? J'ai quelque chose à partager avec ma sœur. Nous n'avons jamais rien partagé auparavant, si ce n'est notre filiation commune. Je la connais à peine. Nous avons rarement été dans la même ville, et encore moins dans le même pays, au même moment, pour partager un quelconque événement familial.

Qu'acheter pour Ross ? Nos idées bouillonnent, pétillent comme une bouteille de champagne fraîchement ouverte, jusque bien après minuit. Maxine propose de broder un coussin avec un motif d'éléphants indiens. Je pense qu'un parfum pour homme est un pari plus sûr. Aucune de nous deux ne mentionne l'étrangeté de l'événement que nous préparons. Il semble que nous ayons un accord tacite pour ne pas parler « de ça » dans la maison.

22 JUILLET (VENDREDI MATIN)

Papa et Maman ne vivent plus sur la colline qui domine Napier. La colline a été détruite lors du tremblement de terre de 1931. Ce tremblement de terre de force 7,8 a rasé la plupart des bâtiments du centre-ville, tué plus de deux cents personnes et en a blessé beaucoup d'autres. La ville, avec sa « nouvelle » colline, a été reconstruite dans les années 1930 dans le style Art déco de l'époque. Elle est aujourd'hui reconnue comme la capitale mondiale pour ce type d'architecture et de design.

Papa et Maman ont quitté leur maison sur la colline lorsque leur jardin en terrasses est devenu, avec l'âge, trop difficile à gérer. Ils ont investi dans une maison sur un terrain plat, avec piscine, lorsque leurs deux salaires leur ont permis de s'offrir ce luxe. À la retraite, ils ont opté pour une maison plus compacte avec trois chambres et des équipements moins luxueux.

Le lendemain matin, vers dix heures, nous quittons enfin la maison à la recherche d'un cadeau de bienvenue pour frère. Mon fils reste à la maison avec ses grands-parents. Le ciel est d'un bleu hivernal intense. Un soleil de juillet nous taquine avec des promesses de chaleur qui ne trompent ni le bout des doigts ni le nez. Nous sommes toutes les deux habillées pour résister aux rafales d'air frais marin et aux coins ombragés du centre-ville que les rayons du soleil n'atteignent pas. Durant trente minutes, nous jetons un coup d'œil aux vitrines des magasins du centre-ville.

C'est étrange de marcher à côté de ma sœur et de papoter avec elle. Nous avons été séparées lorsque j'avais seize ans et elle dix, par le simple fait que nos parents avaient déménagé. Ils m'avaient laissé terminer ma scolarité dans la ville où j'avais grandi et emmené Maxine avec eux afin qu'elle puisse terminer la sienne. Un vrai changement de mode de vie. Excitant pour une jeune fille de seize ans. Je ne sais pas comment cela s'était passé pour elle et je n'allais pas le lui demander maintenant. Nous avions une mission à mener.

Ma sœur connaît bien cette ville, puisqu'elle y a fait ses études secondaires. Même si mon mariage a eu lieu dans les jardins publics, juste en face de la maison de Papa et Maman sur la colline, je ne peux pas dire que je la connaisse comme elle. Je ne sais pratiquement rien de sa vie et j'imagine qu'elle ne sait pas grand-chose de la mienne. Je pense que les choses vont changer avec un frère à partager. Elle ne porte pas d'alliance et j'ai enlevé la mienne. Je l'ai enlevée lorsque j'ai quitté le père de mon fils, un an avant ce voyage. J'avais acheté nos deux alliances en argent dans l'un des magasins d'ici en 1980. Quatorze ans plus tard, je doute de retrouver cette bijouterie. Un jour, je me demanderai s'il existe un lien entre le fait de quitter un mari et celui de retrouver un frère. Ce n'est qu'une rêverie en ce beau matin d'hiver.

Je suis heureuse de laisser ma sœur me guider dans nos achats. Nous nous promenons sur le trottoir de la rue principale en discutant de ce qu'il conviendrait d'offrir à notre nouveau frère. Maxine a le sens du détail. Elle aime les lignes tourbillonnantes, vibrantes et brillamment colorées des motifs indiens. J'aime les lignes simples, austères et droites des dessins suédois. De son point de vue, mes goûts manquent probablement et de chaleur de confort ; les siens sont, pour moi, trop encombrés et fouillis. Il n'est pas certain que nous trouvions quelque chose qui nous convienne à toutes les deux. Pendant que nous nous posons des questions sur ce frère qui vient de nous être donné, nous n'avons pas à choisir quoi que ce soit et il n'y a donc pas de risque de désaccord. J'ai l'impression de rencontrer ma sœur en même temps que mon frère. En l'espace d'une soirée, je suis passée de l'état d'esprit d'enfant unique à celui d'intermédiaire entre un frère et une sœur. C'est la même sensation que lorsqu'on tire sur un joint et qu'un élément surréaliste s'introduit dans la réalité. Je suis consciente du tranchant de l'air et des contours nets des vitrines et des trottoirs. Je suis sur un plateau de cinéma et les caméras tournent. Ce n'est pas une sensation désagréable.

Nous finissons par entrer dans un magasin qui vend toutes sortes de choses. Rien n'est d'occasion, mais le choix est si vaste que nous savons immédiatement que nous avons trouvé le bon magasin, même si nous n'avons pas encore trouvé l'objet en question. Je ramasse des serre-livres : trop lourds, il prend l'avion. Je lis quelques titres de livres exposés : trop risqué ; est-ce qu'il aime seulement lire ? Maxine passe en revue un présentoir avec des peignoirs : trop personnel. Nous ne savons rien de lui, si ce n'est qu'il a deux enfants et une seconde femme. Je brandis une chope de bière sur laquelle est écrit « Ross » : trop bon marché. D'ailleurs, peut-être ne boit-il que du vin. Nous continuons à déambuler dans le magasin, à brandir des objets, à discuter des avantages et des inconvénients de chacun de ces cadeaux potentiels. La vendeuse a l'air de s'ennuyer et semble heureuse de nous laisser poursuivre notre « mission impossible » sans son aide.

Je ne sais pas qui le voit en premier. Il est caché derrière des bols tibétains et sculpté dans du bois blanc. Ses oreilles sont longues, ses sourcils arqués, ses yeux baissés, les coins de sa bouche sont légèrement relevés dans un soupçon de sourire, ses épaules sont carrées, les doigts de sa main droite sont très longs et un lotus en bois est posé entre les extrémités de son index, de son majeur et de son pouce. Il est assis dans la position du lotus et mesure une vingtaine de centimètres. C'est lui qu'il nous faut !

Nous découvrons qu'il a été fabriqué en Indonésie. Ce n'est pas un bouddha. C'est un sage assis en paix avec lui-même et son lotus. Il est rugueux sur les bords, mais parfaitement équilibré. On nous l'enveloppe et nous en partageons le prix. Il est facile à tenir, nous l'emmenons chez nous.

22 JUILLET (VENDREDI SOIR)

L'après-midi disparaît sans laisser de traces. Le soleil se couche à cinq heures. Nous sommes tous assis dans le salon à attendre. Mon fils et enfant unique sait qu'il se passe quelque chose de très important, mais je ne sais pas si nous lui avons tout bien expliqué. Il est assis sur le canapé entre sa tante et moi. Papa et Maman sont assis dans des fauteuils de chaque côté de la pièce. Ils sont silencieux. J'ai le trac. Ma sœur bafouille. Mon fils nous regarde.

On sonne à la porte. Nous nous levons tous dans un mouvement solennel simultané. Papa fait cinq pas assurés vers la porte d'entrée et l'ouvre avec enthousiasme. Il tend sa main droite d'une manière virile et dit d'une voix forte : « Entre - on t'attendait ! ». Il serre vigoureusement la main de son fils. Je capte le rayonnement de son visage.

Ross - fils - frère - oncle fait irruption dans l'embrasure de la porte, les bras écartés, un sourire de la taille d'un arrêt de bus.

« Salut ! Comment ça va ? Je suis Ross ! »

23 JUILLET (SAMEDI MATIN)

Les toasts sont encore chauds et attendent dans le grille-pain sur la table garnie de couverts en argent et de la plus belle vaisselle de ma mère. Il y a un choix de céréales dans trois bols en verre différents. Le lait a été versé dans un pot en verre assorti. Le tout est disposé sur une nappe aux volutes d'or pâle imprimées sur un coton couleur vert d'eau de grande qualité. Chacun a sa place et semble prêt à donner le meilleur de lui-même. Six places ont été attribuées. La bouilloire est en train de chauffer.

Nous entrons tous au centre de la scène depuis le couloir et à peu près en même temps nous prenons place, prêts à répéter le spectacle de la « normalité » d'hier soir. J'adore chaque minute de mon rôle dans notre concours familial à nous. Je suis « Frangine » Je n'ai jamais été « Frangine » auparavant. Tout est à profusion : sucre, lait, café, thé, toasts, confitures, miel et Vegemite.

Nous mangeons avec enthousiasme. Nous plaisantons, bavardons, rions et, d'une manière générale, continuons à converser intensément. Du moins c'est ce que Maxine, Ross et moi faisons. Maman ne s'assied pas vraiment pour prendre son petit-déjeuner. Elle s'agite, remplit les tasses, vérifie les toasts, le lait, la confiture. Papa se contente d'écouter, un sourire charmeur figé sur le visage. Mon fils essaie de suivre, dans la mesure où ses dix ans le lui permettent. Là où nous nous rapprochons le plus de l'audace, c'est lorsque ma sœur se lance dans une imitation d'un dialogue Bacall-Bogart sur grand écran : « Alors, où étais-tu pendant toute notre vie, Frangin ? »

Ce à quoi il répond sur le même ton : « J'attendais juste que vous arriviez, les gars ! »

Un ange passe.

Nous rions. Sans doute avec un peu trop d'enthousiasme.

Ross nous raconte comment il a appelé « Mère » après avoir enterré son « Papa ». Je ne sais plus qui est qui, mais c'est mon frère et il peut avoir autant de mères et de pères qu'il le souhaite.

Je ne sais absolument pas qui il est, mais je l'aime énormément. J'aime son sourire, son rire, le timbre grave de sa voix et la façon dont il articule ses mots.

J'aime ses lunettes à monture noire, la chemise blanche qu'il portait hier soir, le jean qu'il porte ce matin. J'aime le fait qu'il soit arrivé à la table du petit-déjeuner fraîchement rasé et qu'il sente l'eau de Cologne. J'aime sa coupe de cheveux courte, ses cheveux qui commencent à peine à grisonner, son front dégarni. J'aime qu'il soit à peine plus grand que moi s'il se tient droit. J'aime le fait que je sois plus mince que lui - il a une petite bedaine qui indique qu'il a dépassé la quarantaine. J'ai aimé son étreinte hier soir ; je l'ai encore aimée ce matin. J'aime le fait qu'il ait aimé notre cadeau du sage en bois tenant le lotus grossièrement taillé entre ses doigts. Il le placera à côté de son piano, dont j'ai découvert qu'il savait jouer.

Je me souviens d'un matin de Noël, à l'âge de huit ans, où je me suis réveillée en découvrant la taie d'oreiller que j'avais laissée au pied de mon lit la veille au soir, remplie de cadeaux. Le Père Noël n'avait pas toujours été aussi généreux, même si j'étais intraitable sur la quantité de lait et de gâteaux que je lui laissais. Je me souviens de la joie que j'éprouvais à ouvrir chacun de ces paquets aux couleurs vives.

C'est comme ça maintenant. C'est un Noël exceptionnel et je savoure chaque détail que Ross révèle de sa vie sans nous.

Ross poursuit en racontant « l'appel » qu'il avait

passé à « Mère » une nuit, six mois plus tôt.

« J'ai demandé à un bon ami de Radio NZ de s'asseoir avec moi pendant que j'appelais le bureau de l'état civil à Wellington en utilisant mon certificat de naissance. Mon Papa me l'avait donné pour son quatre-vingtième anniversaire. Il m'avait dit d'en faire ce que je pensais être le mieux. J'avais sa bénédiction.

Il dit sans le dire que son adoption n'avait jamais été un secret, qu'il l'avait toujours su.

Tu rigoles ? Je n'exprime pas l'ironie de la situation.

« J'ai parlé à une femme très gentille qui a trouvé le numéro de Mère. »

Il appelle Maman, « Mère », je note mentalement mais ne pose pas de question.

« Ils ont localisé son adresse à Napier et ont eu son numéro de téléphone en moins de dix minutes. »

On peut être perdu pendant quarante-trois ans et être retrouvé en moins de dix minutes. Je suis incrédule, mais je continue à grignoter mon muesli.

« C'était en début de soirée et il ne restait que moi et mon collègue au bureau. La femme m'a demandé si je voulais qu'elle passe l'appel. J'ai répondu par l'affirmative. Elle m'a demandé si j'étais prêt à ce que mon appel soit accepté ou rejeté. J'ai répondu par l'affirmative. »

La parabole du fils prodigue me revient à l'esprit. Je me souviens que c'était le père qui était ravi et qui avait préparé la table pour un festin. Dans le cas présent, c'est Maman qui a préparé le festin, mais sa joie de ce retour n'est pas évidente.

« Elle a donc passé l'appel. Je l'entends encore demander à Mère si elle accepterait un appel d'un certain Ross McRobie. »

Maman intervient à ce moment-là pour dire : « J'ai dit oui. Cela faisait quarante-trois ans que j'attendais cet appel ».

C'est la deuxième fois en deux jours que je l'entends dire cela. Mes oreilles perçoivent un silence chuchoté qui se faufile tel un chat entre les mots «attendre» et «quarante-trois». Je suis tellement raide dingue de mon nouveau frère que je ne pense pas aux sentiments de ma mère. Je suis obnubilée par ma propre joie, ma fascination, ma curiosité. En fait, Maman et ses sentiments passent au second plan face à cette volonté de rattraper le temps perdu, de combler le fossé, de former une grande famille heureuse. Je ne sais pas qui de ma sœur ou moi manifeste le plus de volonté. Ou peut-être que c'est Ross. Peut-être veut-il se sentir inclus, faire partie de la famille. Je ne sais pas.

Et Maman d'ajouter : «J'ai reconnu son prénom. C'est moi qui le lui ai donné».

Un ange passe – encore.

Ross ajoute : «J'ai grandi à Invercargill, à l'extrême

sud du pays, où je suis né.»

Ce n'est pas nouveau pour Maman, mais j'attends qu'elle m'explique comment nous sommes arrivés à Christchurch où Maxine et moi sommes nées.

Elle dit simplement : «Après sa naissance, je suis allée à Auckland, j'ai trouvé un emploi et j'ai épousé ton père lorsqu'il a quitté la marine. Nous sommes allés à Christchurch pendant que je t'attendais.»

Elle est donc allée de l'extrême sud à l'extrême nord et puis revenue dans « l'extrême milieu » pour commencer sa vie de femme mariée et de mère. Il y a un jugement dans mon calcul, mais il n'est pas énoncé. Je n'inclus pas mon père dans l'équation. Il est catalogué comme un accessoire, pas comme un protagoniste. Cette évaluation est fausse. Il est en effet le père de mon frère autant que Maman est sa véritable mère. Ross est en effet né hors mariage alors que Papa était parti rejoindre la marine. Il suffit de les regarder côte à côte pour voir la ressemblance. Mais pour l'instant, Papa est encore moins présent dans mon esprit que ma mère. La colère fera surface plus tard et ne saura pas où se mettre. Mais pas maintenant. Maintenant est parfait.

«Papa et Maman avaient une quarantaine d'années et étaient sans enfants lorsqu'ils m'ont adopté», poursuit Ross avec franchise.

Je rayonne. C'était à la fois la joie et la perte en un

seul petit paquet de langes. Le paradoxe n'est toujours pas reconnu en ce jour du 23 juillet 1994 mais continue néanmoins de s'écouler juste sous l'apparence lisse des choses.

«Maman a arrêté de travailler pour s'occuper de moi», poursuit Ross en racontant l'histoire de sa famille, qui semble couler sur lui comme l'eau sur les plumes d'un canard. Je sais faire semblant d'être un canard. Peut-être qu'il fait semblant lui aussi. Je n'en sais rien. Je sais que notre - ma - mère (je ne sais pas quel adjectif possessif utiliser) - était ouvreuse dans un cinéma quand j'étais petite. Je me souviens d'être allée voir *Batman* et *Le Magicien d'Oz* sur grand écran gratuitement un samedi après-midi. Je me souviens à quel point j'étais à la fois excitée et terrifiée. Je me demande si sa «Maman» l'a emmené voir *Batman* sur grand écran. Des choses que je ne sais pas et que je veux soudain connaître parce que j'ai un frère qui vient d'entrer dans ma vie.

Elle l'aurait emporté dans la tombe sans nous le dire, avait-elle annoncé jeudi soir.

Qu'est-ce qui l'a fait changer d'avis ? Je me le demande. Puis je me souviens : il les a appelés. Pourquoi a-t-il fait cela ? Il semble lire dans mes pensées lorsqu'il dit : «Maman et Papa sont morts à quelques années d'intervalle et quand Papa est parti, j'ai pensé qu'il était temps d'essayer de contacter ma mère biologique. Je ne savais rien de vous.»

Il parle de Maxine et de moi. Je remarque qu'il ne mentionne pas Papa.

J'ai l'impression d'opérer aux confins de la sphère de l'univers connu.

J'ai eu un petit ami, Dick, lorsque j'enseignais dans un lycée de Hutt Valley en 1975. Il avait été adopté. Je me souviens qu'il criait d'angoisse après quelques verres de trop, que sa mère avait voulu se débarrasser de lui en tirant la chasse d'eau. Je ne sais pas comment il l'a su et je n'ai jamais connu les circonstances de son adoption. Je ne me souviens pas des détails de son histoire, mais je me souviens que sa douleur est remontée à la surface pour s'écraser sur les meubles de mon appartement.

Ce que Ross nous raconte au petit déjeuner, vingt ans plus tard, ne correspond pas à ma seule autre expérience avec quelqu'un qui a été adopté. Dick était mon petit ami, pas mon frère. J'ai soudain une pensée terrifiante : *Et si Ross et moi nous étions rencontrés et étions sortis ensemble ?* J'en ai presque le souffle coupé. Je l'aime vraiment bien. Sortir avec lui aurait été possible. Et si tous mes rendez-vous avaient été des substituts inconscients de mon frère ?

Sauf que j'ai épousé un Français - et la simple

pensée d'une relation incestueuse avec mon frère, même par inadvertance, est terrifiante.

Je regarde mon fils avec toute sa belle énergie de garçon. Je l'aime profondément. Je l'ai aimé dès que je l'ai vu. Je suis soudain frappée par mon ignorance de la douleur et du ressentiment que ma mère a dû porter en silence pendant quarante-trois ans. Que ressent une femme qui laisse partir l'enfant qu'elle vient de mettre au monde ? Je n'ai pas accès à la solitude que les femmes comme elle doivent ressentir, portant la mémoire du rejet - le leur et celui de leur enfant. Je ne connais pas la taille, la forme ou la couleur de ce type de perte.

«J'ai deux enfants : James et Emma», précise Ross en suivant le fil de mes pensées.

Mon fils a deux cousins qui ont à peu près le même âge que lui.

L'histoire s'améliore à chaque minute. Je regarde mon fils. À son âge, il doit les voir pour y croire. Pour le moment, ils ne sont pas encore réels.

Quant à moi, prise par le désir d'entendre l'histoire complète des quarante-trois ans de mon frère, je ne suis toujours pas prête à me lever de la table du petit-déjeuner. Mais je suis également consciente que mon fils commence à s'agiter et que Papa et Maman ont probablement besoin d'une pause pour faire baisser l'intensité des choses. Dehors, c'est une journée d'hiver ensoleillée, mais on ne voit pas grand-chose : Papa a fermé les stores vénitiens. Il a marmonné quelque chose comme quoi ce que nous faisons ici ne regarde personne d'autre. Je réalise, en une fraction de seconde de pure fureur qu'il maintient la curiosité des voisins à l'extérieur - et le secret à l'intérieur. J'ai l'impression d'être anéantie par une conflagration de rage absolue. Il n'y a pas de mots pour le dire.

«On débarrasse et on y va !» Maxine, impatiente, nous fait passer à la suite de la journée et m'évite une crise de nerfs.

23 JUILLET (SAMEDI APRÈS-MIDI)

La matinée s'est écoulée. Le déjeuner est terminé. La vaisselle est faite. Je ne me souviens pas d'une époque où il était si amusant de laver et d'essuyer la vaisselle. Nous avons tous l'intention de jouer les «familles heureuses» et nous y parvenons vraiment. Maintenant, il est temps pour les «enfants» de sortir jouer. Ross a quarante-trois ans, je viens d'en avoir quarante-deux et Maxine en a trente-six, mais nous allons jouer ensemble.

Nous louons un vélo sur le front de mer pour que le vrai gamin, mon fils, puisse rouler. Il n'est pas très sûr de lui sur deux roues, mais le Frangin - c'est maintenant mon Frangin - s'accroche à l'arrière et court derrière lui en criant : «Super ! Tu peux le faire ! Tu vas y arriver ! Vas-y !»

Christophe porte son casque, il a la tête baissée, ses jambes moulinent furieusement. Il n'a pas conscience du moment où Ross lâche prise. Mon fils fait du vélo, tout seul, comme tous les enfants kiwis de son âge. Je suis si heureuse, si fière. Christophe regarde autour de lui et se rend compte qu'il n'y a que lui et le vélo. Son pédalage devient moins assuré - il vacille - on dirait qu'il va tomber. Le Frangin et moi nous préparons à courir après lui. Nous le voyons prendre une décision : il tient le guidon, regarde la route, appuie sur les pédales, l'une après l'autre, et il repart. Il sait faire du vélo !

Mon frère est dans la famille depuis moins d'un jour et il a déjà appris à mon fils à faire du vélo. C'est à cela que servent les oncles, les frères et les pères.

Dès le premier jour, j'ai pu constater l'énergie positive que dégageaient tous les pores de la peau de mon frère. Au fil du temps, je constaterai que cette énergie attirait les gens vers lui comme un aimant attirait la limaille de fer. Je suis aux anges - je ris, j'applaudis et je crie. J'explose de joie.

Grâce à mon travail de coach, de facilitateur en constellations familiales et organisationnelles, ainsi qu'à une très longue pratique du yoga, je sais que la honte et le blâme sont des tueurs. Lorsque je regarde mon frère, je ne vois pas la honte de ma mère et je ne sais pas qui blâme qui, pourquoi. Maman reproche-t-elle à Papa ses années de silence ? Est-ce que Papa blâme Maman parce qu'elle a abandonné son fils sans le consulter ? Est-ce vrai ? Je ne sais pas.

En ce premier jour de sa vie dans notre famille, ces pensées souterraines ne font pas surface pour devenir une conversation. Nous ne parlons pas de pourquoi ni de si.

Nous célébrons le MAINTENANT !

23 JUILLET (SAMEDI SOIR)

Pour le dîner on mange les restes du déjeuner et c'est une affaire rondement menée. Il semble que nous ayons épuisé tout ce que nous voulions et pouvions partager de nos vies respectives pour une journée. Je ne sais pas qui propose d'aller au Pub, mais l'idée est accueillie avec enthousiasme. Nous partons tous les trois vers vingt heures, laissant les grands-parents et le petit-fils devant la télévision du samedi soir et un chocolat chaud.

L'air du soir est frais, la lune est presque pleine et il est difficile de dire si l'allure de nos pas est dû à la chaleur ou à la simple expression d'une joie partagée. Nous sommes heureux. Qui pourrait comprendre, surtout le mari que j'ai récemment quitté, ou l'homme pour lequel je l'ai quitté, que ce frère EST l'homme que j'ai inconsciemment recherché dans toutes mes relations ? Il est le vide que j'ai ressenti et que j'ai cherché à combler toute ma vie. Le fait que ce vide ait été expliqué - et d'une manière aussi joyeuse - apporte un profond soulagement à tout mon être. C'est comme si j'avais été libérée du poids de porter un fardeau qui n'a jamais été le mien. J'ai retrouvé la place qui me revient en tant que deuxième enfant, première fille de notre famille, et le savoir m'apporte une joie étourdissante.

Le psy que j'ai consulté après avoir décidé de quitter mon mari et père de mon fils aurait compris. Le commentaire du Dr Thiolly "... elle vous a donc élevée comme un garçon", dans son cabinet du 16e arrondissement de Paris en 1993, me frappe comme étant d'une étonnante clairvoyance. Je me suis rendue dans son cabinet pendant seulement six mois. Je n'aimais pas que ma chaise soit plus basse que la sienne et je le lui ai dit. Il a rectifié le « décalage ». Je n'étais pas prête à me sentir plus petite que je n'étais, ni à m'engager dans une thérapie. Je suis retournée le voir à la fin de l'année 1994 pour lui annoncer que mon frère s'était "montré". Il revenait d'une conférence au Canada sur les traumatismes familiaux. Le thème principal était l'impact de la perte d'un enfant ou d'un frère ou d'une sœur sur les membres de la famille, notamment sur les mères. Je lui ai demandé comment il avait su. Il m'a répondu qu'il ne "savait" pas, mais que tous les indices verbaux étaient là. Je me suis émerveillée de sa perspicacité. J'ignorais alors tout des techniques thérapeutiques susceptibles de mettre en lumière les parties non reconnues d'un système familial.

Je comprends maintenant pourquoi le «rose» et les «froufrous» ne m'étaient pas proposés lorsque j'étais petite fille et pourquoi mes cheveux ont été coupés à la garçonne jusqu'à ce que je sois assez âgée pour choisir de les laisser pousser. Je suis également consciente de l'incohérence des conclusions que j'en tire.

Ma mère était une habile couturière. Elle m'habillait dans de magnifiques robes qu'elle avait confectionnées pour moi. Elle nous habillait toutes les deux pour aller en ville dans un bus rouge jusqu'à Christchurch Central City Square. Il y avait une cathédrale au centre de la place et c'est là que tous les bus rouges et tous les gens se rencontraient. C'était un endroit où l'on venait faire du shopping, sourire et porter ses plus beaux vêtements. J'ai des photos en noir et blanc de ma mère et moi devant la cathédrale, très chic dans nos élégants vêtements. Je me souviens d'une robe en particulier que je portais à l'école du dimanche, le catéchisme. Elle avait des manches bouffantes et était froncée à la taille. Elle était faite d'un plumetis de mousseline aux minuscules pois jaune citron et se nouait dans le dos par un grand nœud. Sous la jupe, je portais un jupon qui la maintenait en forme quand je marchais et « crépitait » quand je m'asseyais. Le jupon avait un ourlet étroit en dentelle, sur lequel je pouvais passer mes doigts lorsque j'étais assise. J'adorais la robe et le jupon autant que j'aimais l'école du dimanche.

Pour faire simple, j'ai été joliment habillée comme une petite fille mais j'ai été élevée à la place d'un garçon. Une sacrée pirouette !

Mais à ce moment-là, un samedi soir de juillet 1994, la seule chose à faire est de trouver un Pub ! Nous avons le choix entre plusieurs, mais c'est celui où un groupe de musique « live » martèle sa version 90 des tubes des années 80, qui remporte un succès immédiat et unanime. Nous franchissons les portes battantes du bar et nous sommes immédiatement happés par le fracas, la plainte et le gémissement de la batterie et de la guitare électrique, le tout soutenant un chanteur en sueur dont la voix ressemble à celle de Jim Morrison et dont les mouvements sont à l'avenant. Nous nous remuons de droite et de gauche. Nous nous remuons de gauche et de droite sur une version survitaminée de la chanson country «The Shake» de Neal McCoy. Nous crions «I Love Rock 'n'Roll !» et sautons sur l'interprétation de «Jump» des Pointer Sisters. Nos bassins se déhanchent, nos poings frappent l'air, nos pieds impriment un rythme endiablé sur le sol en bois. Nous sommes totalement excités et ne nous préoccupons pas de ce que les «voisins» pourraient penser. Nous n'essayons même pas de parler. Nous n'avons pas besoin de parler. Les mots sont superflus. Nous sommes trempés de sueur et enroués à force de rugir avec le groupe. L'improbabilité de notre situation enflamme nos mouvements. Nous hurlons de rire en nous regardant danser : frères et sœurs, inconscients du reste du monde, à l'intérieur et à l'extérieur du Pub.

Plus tard, épuisés, après que le groupe ait plié bagage, nous nous couvrons et descendons vers la plage, peu disposés à accepter que la nuit finisse. Maintenant, nous parlons.

Nous partageons nos histoires. Je raconte à Ross les folles journées de Helmore's Lane, lorsque j'avais vingt ans et que j'habitais au deuxième étage d'une vieille maison de Christchurch dans l'un des quartiers les plus chics de la ville. Je raconte les fêtes débridées et les voisins affolés, les dimanches matin où je rampais sur le toit depuis la fenêtre de ma chambre pour lire le journal du week-end et manger du yaourt, mes colocataires et leurs petits amis, les dimanches après-midi d'hiver à regarder les Monty Python sur un petit écran, la liberté et l'insouciance totales d'une époque où il était facile de voyager, où les emplois disponibles foisonnaient, où les carrières pouvaient être mises entre parenthèses pour consacrer un temps conséquent à s'amuser.

Je lui raconte comment j'ai travaillé tous les dimanches dans une épicerie locale tenue par deux anciens flics qui avaient décidé de se lancer ensemble dans les affaires en tant que commerçants et organisateurs d'évènements. Il rit en m'imaginant dans une robe rouge très courte, avec une queue en fourrure blanche épinglée sur mes fesses et de longues oreilles rouges soyeuses de lapin attachées au sommet de ma tête. Il ne me croit pas quand je lui raconte que, déguisée en Bunny Girl, j'ai servi le premier ministre néo-zélandais de l'époque, le grand Norm Kirk, lors d'une fête syndicale à Lyttelton. Je le fais encore plus rire lorsque je lui raconte que mon petit ami s'est habillé dans la même tenue et est entré dans un bar un samedi soir sur le chemin d'une soirée déguisée. Il a volé la vedette avec ses longs bas noirs en résille en dessous de ma robe de Bunny en soie rouge et les larges oreilles blanches ornant son crâne rasé. C. s'est approché du bar, battant des faux cils, et poussant en avant les balles de tennis qui lui tenaient lieu de poitrine sur le bar en demandant, timidement, une bière. Pas certain que ce soit ce que les deux ex-flics avaient en tête comme promotion pour leurs soirées évènementielles.

J'ai l'air de vouloir impressionner mon frère avec certains de mes exploits les plus scandaleux en tant que jeune femme. Je lui raconte la fois où j'ai participé à un atelier extrascolaire à la fin de ma troisième année d'université. Il y avait toutes sortes d'options bizarres et merveilleuses, mais j'ai choisi de m'inscrire à l'atelier d'une demi-journée consacré à la réalisation de cocktails. Il s'agissait surtout d'un atelier « pratique ». Nous devions goûter chaque concoction pour valider la qualité de chaque recette. Pas besoin d'être un génie pour imaginer la scène d'ivresse qui a découlé de l'adhésion à ce genre d'approche scientifique.

«Dieu merci, ce n'était qu'un cours d'une demi-journée», s'exclament Maxine et Ross à l'unisson.

«Vous auriez dû voir la façon magistrale dont j'ai manœuvré ma Honda 50 rouge du campus jusqu'à Helmore's Lane». Suis-je en train de rivaliser avec lui ou simplement de me vanter ? Est-ce que j'imagine que c'est ainsi qu'une sœur partage des «histoires coquines» avec son frère ? Il ne sait pas ce que c'est d'avoir un frère ou une sœur, pas plus que nous ne savons ce que c'est d'avoir un frère. Nous « essayons » tous les trois une relation que nous n'avons jamais vécue auparavant.

Ross nous parle un peu de ses débuts. Il y a un petit gloussement dans sa voix qui rend légère une histoire sûrement plus complexe. Nous sentons son sourire réchauffer l'ambiance de la nuit. Ses mains nues se balancent facilement le long de son corps tandis que nous déambulons sur le sable.

«J'ai commencé à faire la fête à l'université bien plus tard que toi. Je voulais sortir dans le monde, gagner de l'argent, faire des choses, tu sais», dit-il en nous regardant toutes les deux comme si nous allions comprendre. Maxine le comprend sans doute. Elle a fait toutes sortes de choses, y compris devenir infirmière à Sydney, avant de réaliser que l'art était sa vie.

«Je me suis marié, j'ai eu une voiture, j'ai eu une maison, j'ai eu l'ennui ». Il éclate de rire, comme s'il se reconnaissait trop bien. Nous rions avec lui. Il est contagieux. Nous avons envie de le serrer dans nos bras.

«Je n'étais pas fait pour le rôle du petit employé !» C'est bien la dernière chose que je puisse imaginer de lui. Je ne le vois pas recevoir d'ordres de qui que ce soit.

«J'ai donc suivi des cours du soir, mais c'était beaucoup trop lent pour moi. Marilyn avait un bon travail, alors je suis allé à l'Université d'Otago à plein temps». Je sais qu'il ne me dit pas tout. Je sais qu'il n'est plus marié à Marilyn, mais qu'elle est la mère de ses deux enfants. Je ne veux pas lui demander, ici sur la plage, à la lumière presque surnaturelle d'une lune géante, après minuit, ce qu'il est advenu de son mariage. Je n'explique pas non plus pourquoi le père de Christophe n'est pas avec moi en Nouvelle-Zélande pour fêter mon quarante-deuxième anniversaire.

«Quoi qu'il en soit, j'ai obtenu un diplôme de comptabilité et je suis devenu associé dans un cabinet d'experts-comptables.» Il est fier de cette réussite. Je peux l'entendre dans sa voix et dans la façon dont il sautille soudain un peu dans sa marche. Il n'y a pas chez lui de fausse modestie.

Nous nous divertissons les uns les autres, peignant nos vies à grands coups de pinceaux colorés. Nous brillons tous les trois comme des phares dans la nuit, reflétant le meilleur de nous-mêmes, celui que nous aimons montrer. Nous sommes définitivement tournés vers le positif.

24 JUILLET (DIMANCHE MATIN)

Personne ne se lève très tôt. Nous sommes rentrés à la maison sur la pointe des pieds, en riant, aux petites heures du matin. Nous n'avions pas beaucoup bu, mais nos frasques nocturnes nous avaient fait perdre la tête et rappelé que nous avions plus de quarante ans et non moins de vingt ans ! Christophe ne réveille pas Ross lorsqu'il glisse hors du lit et se lève tôt pour prendre le petit déjeuner avec ses grands-parents. Ross, Maxine et moi les rejoignons à table lorsque le cliquetis des assiettes et le brouhaha des voix viennent interrompre notre sommeil.

Papa nous taquine sur notre consommation d'alcool et sur le vacarme que nous avons fait en rentrant si tard. Il est vraiment doué pour créer une atmosphère détendue avec les visiteurs. Nous avons tous les trois étés absents pendant si longtemps que nous pourrions tous être des visiteurs. Il se comporte comme le font les mecs lorsqu'ils sont ensemble. Nous jouons le jeu et Ross donne autant qu'il reçoit.

En les regardant l'un l'autre se disputer le dernier mot, je me demande comment cela se serait passé si nous avions grandi dans le même foyer. Pour l'instant, je me contente d'être spectatrice, mais où ma voix aurait-elle trouvé sa place entre les deux énergies masculines en compétition ? Je me suis heurtée à mon père chaque fois que j'ai décidé de m'affirmer, mais avec le recul, c'était une relation saine. Il infligeait des punitions à l'ancienne pour les comportements graves (comme la fois où j'ai saccagé le jardin et le porche arrière des voisins). Je criais mon opposition lorsque je voulais vraiment quelque chose qu'il ne voulait pas m'accorder (comme lorsque j'avais besoin à l'âge de treize ans, de sa permission pour partir en Australie avec une équipe d'athlétisme).

C'était une autre histoire avec ma mère. Je boudais en silence lorsque j'avais l'impression qu'elle m'avait fait du tort, mais je n'élevais pas la voix contre elle. Si j'avais eu un frère plus âgé, je serais devenue une personne très différente. Peut-être que je n'aurais jamais vu le jour. Peut-être ne suis-je là que pour masquer une absence coupable. Je suis libre d'inventer et de croire à l'histoire que je veux, mais cela ne vaut pas la peine parce que ce n'est pas arrivé. Je n'ai pas grandi avec un frère aîné.

Ross, abandonné d'abord et adoré ensuite, est insatiablement au centre de la scène - plus grand que nature - impossible à ignorer. Il demande de l'attention et de l'amour et en reçoit à profusion. Moi, née en second et considérée comme la première, je reçois une attention que je n'ai pas sollicitée. Je ne doute pas de mon importance ni de ma place. Le fait qu'elle ne me revienne pas de droit n'est pour l'instant qu'une simple bizarrerie du destin.

Nous prévoyons de nous rencontrer à Christchurch, où il vit actuellement avec sa deuxième femme et ses deux filles à elle.

Et puis c'est fini. Il dit au revoir. Il prend un taxi pour retourner à l'aéroport. Et nous voilà tous là : la mère, le père, le petit-fils, la sœur et moi, comme nous étions jeudi soir dernier, avant le dessert.

Sauf que rien ne sera plus jamais comme avant.

29 AU 31 JUILLET (LE WEEK-END SUIVANT)

Ross fait la navette. Il prend l'avion pour Auckland tous les lundis matin et rentre chez sa femme à Christchurch tous les vendredi soir.

Christophe et moi prenons l'avion de Napier pour rejoindre le foyer de Ross la semaine suivant notre rencontre avec lui. Nous sommes accueillis selon l'hospitalité accordée aux membres de la famille qui se présentent à l'improviste et ont besoin d'un lit pour la nuit. Nous restons plusieurs nuits et rencontrons la tribu des «adoptés» – toute la famille au sens large. Est-ce que c'est ce que fait Ross : adopter des tribus ? Ce serait logique. Comment pourrait-il ne pas vouloir que chacun se sente le bienvenu dans la famille ? Le sentiment que votre existence même n'a pas été accueillie doit laisser une marque indélébile sur votre psyché. Ce n'est pas quelque chose que nous pouvons partager et j'en suis heureuse. De toute façon, mon appartement parisien est trop petit pour accueillir une tribu de plus.

Lorsque Ross arrive chez lui le vendredi soir, il est accueilli par la lumière tamisée des bougies et la musique douce qui imprègnent la belle maison en bois de sa femme. Elle est située dans un quartier discret et luxueux de la ville. Il me dit en peu de mots que ce n'est pas vraiment son «truc». Il me dit - à moi - qu'il ne se sent pas vraiment à l'aise dans cette atmosphère. Je me demande si c'est simplement parce que ce n'est pas littéralement sa maison, mais une maison qu'il habite seulement pendant les week-ends. Ou peut-être que le passage du monde mâle alpha, dans lequel il évolue toute la semaine à Auckland, au romanesque et à la poésie qui l'attendent le vendredi soir est tout simplement trop brutal ? Ou bien est-ce parce que quelqu'un d'autre définit le déroulement de la soirée ? Je ne le connais pas assez bien pour le cerner et je veux juste suivre le rythme, quel qu'il soit. J'aime l'atmosphère et j'aime sa femme. Elle est élégante, sensible et très intelligente. Elle a un sens de l'humour subtil qui passerait facilement inaperçu dans la familiarité du jargon social à la Kiwi. Je n'ai aucun mal à lui parler. Je découvre qu'elle est avocate. Elle a de bonnes capacités d'écoute qui vont bien avec le type de conseil et de représentation qu'elle donne. Elle s'intéresse aux gens. Ross aussi, mais différemment. Je n'arrive pas encore à mettre le doigt sur cette différence. Je me demande ce qu'elle ressentirait si Ross lui disait qu'il préfèrerait revenir à la maison en pleine lumière, après une semaine harassante à Auckland et mettre ses pieds sur la table, une bière à la main ? D'après ce que j'ai vu de mon frère jusqu'à présent, il ne semble pas être quelqu'un qui reste assis longtemps. Il passe d'un endroit à l'autre, même si c'est à dessein, mais il passe quand même d'un endroit à l'autre. Il ne semble pas rechercher le calme et le calme lui échappe, docilement.

Pendant le week-end que Christophe et moi passons chez eux à Christchurch, je découvre d'autres choses sur mon frère : il peut être épuisant ! Il me montre sa voiture. Il me montre son bateau. Il me montre à tous ceux que nous rencontrons. Nous rencontrons beaucoup de gens en un week-end. Nous sommes toujours en mouvement.

Et nous rions la plupart du temps.

Pour une raison que j'ignore, je n'ai jamais pensé à demander à mon frère ce qu'il faisait dans la vie. J'ai appris qu'il était directeur des ventes pour Independent Broadcasting. Je ne sais pas vraiment ce que cela signifie, mais s'il s'agit de vente, il doit passer beaucoup de temps à « séduire » les gens. Je ne sais pas vraiment ce qu'il vend et, pour une raison ou une autre, je ne veux pas le lui demander - pour l'instant. Je pense que je suis encore éblouie par sa présence et par la relation que j'entretiens avec lui. Je remarque que lui et sa femme semblent danser sur des rythmes très différents, mais je suppose que c'est parce qu'ils vivent séparés toute la semaine et qu'il faut du temps pour se remettre au diapason l'un de l'autre.

Pendant le week-end, je reçois un appel de ma mère, dont la voix est tendue.

«J'ai quelque chose à te dire.»

Son ton suggère un regret, mais il pourrait aussi bien s'agir d'excitation. Je n'arrive pas à me décider et je ne suis pas encore immunisée contre ce type de déclaration. Je m'apprête à recevoir une autre balle à effet. Combien de frères et sœurs peut-on acquérir en l'espace d'une semaine ?

«Je repassais ta nuisette en soie verte et je l'ai brûlée. Juste un peu. Je suis vraiment désolée.»

Je suis abasourdie. Les pensées s'enchaînent à un rythme effréné : *Quel bonheur qu'elle repasse ma nuisette pour moi. Je peux vivre avec une nuisette légèrement brulée. Je peux en acheter une autre.*

J'étais tellement préparée à un nouveau coup de théâtre que l'adrénaline s'est soudainement dissipée, me laissant faible et soulagée. *Il ne s'agit que d'une chemise de nuit !* J'ai la tête légère et la gorge sèche. Je sens la rage remonter à la surface comme les bulles d'une bouteille de champagne fraîchement ouverte. Je lève – métaphoriquement - une hache au-dessus de la tête de ma mère. Je suis prête à l'exécuter pour son incapacité à faire la part des choses entre brûler ma nuisette et m'annoncer que j'ai un authentique frère depuis quarante-deux ans ; pour son « aveu » de responsabilité pour ces ceux événements livrés sur le même ton de voix ; pour son ignorance de l'impact émotionnel sur moi.

À mes oreilles, la colère de ma propre voix elle, ne me trahit pas. Je dis à ma mère que ma nuisette pourra encore être portée, que personne ne verra la marque dans l'obscurité, que c'était un accident, qu'il n'y a pas de mal.

Même si je prétends le contraire, je lui en veux, mais je ne suis pas assez habile ou mature pour interpréter les nombreuses excuses au sujet de la nuisette brûlée comme une tentative de dire quelque chose sur la naissance de mon frère.

Les questions suivantes sont des invitations à réfléchir sur votre propre vie. Elles apparaissent à la fin de chacune des six parties de cette histoire. Mon histoire n'est pas unique. Chacun d'entre vous a une histoire à raconter. Ces questions vous aideront à raconter cette histoire à quelqu'un d'autre. Vous pouvez noter vos réponses dans les espaces situés sous chaque question ou engager une conversation avec un ami ou un membre de votre famille en lui posant ces questions. Vous pouvez également les ignorer et passer à la partie suivante de 'histoire.

Questions

Quel élément de votre vie vous a conduit à un point de bascule ?

Qu'est-ce que cet événement vous a permis de faire ?

Qu'est-ce qu'il vous a empêché de faire ?

Quelle est la partie de vous-même que vous aimez vraiment et que vous voulez que les autres aiment aussi ?

Quelle partie de vous-même préférez-vous garder cachée ?

Pensez à un moment de pure joie qui vous a tenu en haleine dans l'instant présent. Quel est le souvenir impérissable de ce moment ?

Quelle relation entretenez-vous avec les «secrets» ?

Pouvez-vous garder un secret ?

Si vous ne le pouvez pas, avec qui le partageriez-vous ?

Gardez-vous dans votre cœur un secret qui vous pèse ?

Mettez-vous à côté de moi quand on sonne à la porte le 22 juillet 1994. Comment vous sentez-vous ?

Souvenez-vous d'un jour où vous vouliez vraiment acheter un cadeau à quelqu'un qui vous est cher, mais où les circonstances vous ont rendu les choses difficiles. Comment avez-vous contourné le problème ? Comment vous êtes-vous senti par rapport au résultat obtenu ?

DEUXIÈME PARTIE

Ainsi va la vie
Les années intermédiaires

UN WEEK-END EN FAMILLE À NAPIER, 1997

J'ai passé du temps à apprendre à connaître mon frère. J'ai fait quelques folies, comme organiser un voyage d'affaires en Nouvelle-Zélande sous prétexte de vendre mes compétences de formateur au New Zealand Institute of Management. J'ai organisé une série d'entretiens à Auckland et à Wellington et j'ai quitté Paris une fois de plus. J'ai rencontré Ross à Auckland, où il travaillait et nous avons bu et dîné ensemble en ville avant de nous rendre à Napier pour un week-end en famille. Ma sœur s'est jointe à nous, complétant ainsi notre famille pour la deuxième fois en quarante-cinq ans. Je ne me souviens pas si Papa a fermé les stores vénitiens pendant que nous prenions le petit-déjeuner, mais je me souviens que nous, les trois «enfants», avons gloussé et sommes tombés ensemble sur le lit de Papa et Maman. Je ne sais pas à quoi nous jouions, mais je me souviens d'un bonheur délirant.

Nous nous sommes livrés à une représentation exceptionnelle de «Happy Families». Nous étions impeccables dans nos rôles. Ce samedi-là, nous nous sommes rendus à la plage de Kairakau, à quatre-vingts kilomètres au sud de Napier. Aucun voisin ne risquait de nous espionner et de poser des questions embarrassantes à mes parents. Le temps était parfait, avec un ciel bleu. La plage était parfaite, avec son sable doré. Le pique-nique était parfait, avec des friands aux saucisses et une tourte aux œufs et bacon. La mer était éclatante et les rouleaux parfaits pour le surf. La seule chose qui ne correspondait pas à la carte postale parfaite était moi courant après mon frère jusqu'au bord de l'eau. Aucun de nous ne pouvait courir comme nous l'aurions fait – aurions pu le faire - si nous avions été les enfants que nous prétendions être. Je ne me souviens pas de ce qui s'est dit pendant le week-end. Je me souviens seulement de ce que nous avons fait. Et puis c'était fini.

Le lundi matin, Ross m'a conduite à Wellington pour deux autres de mes réunions d'affaires. Je me moquais éperdument de ces réunions. J'avais pris conscience de mon subterfuge. Je voulais simplement passer du temps en compagnie de mon frère et c'était l'histoire que j'avais dû me raconter pour y parvenir.

Après les réunions, nous nous sommes retrouvés pour dîner, puis nous sommes arrivés tard dans la soirée à l'hôtel que j'avais réservé. J'ai invité Ross à partager la chambre avec moi.

«Mon frère partagera la chambre avec moi». J'ai souri au réceptionniste.

«Donnez-moi son nom, Mme Burney». Le

réceptionniste lui rendit un sourire lisse tout en évaluant la situation. Il voyait un homme et une femme d'à peu près le même âge, habillés en tenue de travail et prétendant être frère et sœur. Il voyait l'heure et en tirait ses propres conclusions.

«Moi, c'est Ross McRobie !» répondit Ross avec un énorme sourire sur le visage, saisissant ce que cela pouvait vouloir dire. Je l'ai soudain compris moi aussi. Merde !

«Il s'agit donc d'un M. McRobie et d'une Mme Burney pour une nuit dans une chambre double. C'est bien ça ?»

«C'est exact. Merci.» Je me suis frayée un chemin jusqu'à l'ascenseur. Il était hors de question que j'insiste sur le fait qu'il était mon frère. Dès que les portes de l'ascenseur se sont refermées sur nous, nous avons éclaté de rire.

«Merde, frangin, tu aurais pu être un peu plus convaincant. Tu t'amusais bien avec le réceptionniste. Va te faire voir !»

«Tu n'as pas été très convaincante toi-même ! De toute façon, regarde l'heure. Personne ne va croire que nous sommes frère et sœur. Nous n'avons même pas le même nom.»

«J'aurais pu donner mon nom de femme mariée. Mais qui s'en soucie d'ailleurs ? Nous avons un lit pour la nuit. Enfin, l'un d'entre nous en a un !»

Nous avons tiré au sort pour le lit. Ross a dormi sur le canapé et je n'ai jamais eu de business en Nouvelle-Zélande.

Ainsi va la vie.

LA LETTRE, 1998

Le téléphone sonne chez moi, à Paris. C'est ma mère. Elle a l'air toute excitée.

«Tu ne devineras jamais ! »

Ça c'est sûr !

«Quoi ?»

«Tu ne vas pas le croire.»

Probablement si.

«Une lettre nous attendait à notre retour de vacances....»

Oh mon Dieu ! Je reprends mon souffle et le retiens. *Cela fait quatre ans que nous avons rencontré Ross, mais sûrement pas... ?*

Non ! C'est impensable. *Ne me dites pas qu'il y a un autre frère - ou une autre sœur - qui se pointe. Ce doit être une autre histoire de nuisette en soie, mais pourquoi Maman aurait-elle l'air si excitée ?*

«Papa a un frère !»

«Quoi ! Tu plaisantes ?»

Elle ne plaisante pas ! Mais j'ai envie de rire aux larmes. Je vois qu'elle aussi. Je pense qu'elle est soulagée que ce ne soit pas elle cette fois-ci qui soit sur le banc des accusés. Je suis prise de vertige en me demandant combien de membres de la famille vont encore sortir du bois. Moi, je me sens indemne d'avoir découvert un frère. Comme si la vie m'avait donné le premier prix pour la place de seconde. Je me demande à quoi ressemble la vie dans la famille de ma nouvelle cousine. Mais je ne le découvrirai pas dans l'espace-temps d'un appel téléphonique longue distance.

Maman me lit le contenu de la lettre, qu'elle me dit avoir été dactylographiée sur du papier de poste aérienne et datée du 2 mars, jour de son anniversaire.

«Cher Brian,

Dire que la vie est pleine de surprises est, à mon sens, un gros euphémisme lorsque, grâce à ma fille Adrienne et à son exercice de généalogie, je découvre que j'ai une autre famille dont j'ignorais l'existence. Il est triste de constater que lorsque nous sommes nés, le mot «adoption» était quelque peu stigmatisé, toujours utilisé à voix basse et chuchoté, et que l'expression «il ne faut pas lui dire» existait déjà. Mes demi-frères et ma demi-sœur[1] étaient tenus au secret, mais je pense que j'aurais dû tout savoir lorsque ma mère adoptive est décédée en 1941. Ce n'a pas été le cas. Je dois cependant préciser que j'ai été élevé dans un environnement aimant et attentionné à Christchurch, que j'ai reçu une bonne éducation et n'ai vraiment manqué de rien.

Je me souviens que dans les années 30, alors que j'apprenais le piano, on m'a emmené plusieurs fois à Lyttelton pour rendre visite à la famille Bradley et j'ai acquis des partitions de musique sur lesquelles figurait le nom de Melva Bradley. Je n'ai alors rien soupçonné. De plus, je suis vraiment attristé de réaliser que pendant mon service dans la RNZAF, j'ai été stationné à Woodbourne de la mi-1964 à la mi-1967, sans savoir que ma mère biologique et certains membres de sa famille vivaient dans les environs. Aujourd'hui, je suis vraiment stupéfait et heureux de découvrir que j'ai un demi-frère et deux demi-sœurs biologiques.

Beaucoup de temps a été perdu, mais j'aime à penser que nous pourrions correspondre de temps en temps et finalement nous rencontrer.

Enfin, j'espère que vous accepterez cette lettre dactylographiée, car mon écriture laisse à désirer. J'ai également «photocopié» cette lettre afin que vous receviez tous les mêmes informations en même temps.

---

[1] Theo a été adopté par un couple de quadragénaires récemment mariés. La femme était veuve et avait trois enfants adolescents. Ses enfants étaient les frères et sœurs adoptifs de Theo, ainsi que ses demi-frères et demi-sœurs.

Dans l'attente, bien sincèrement

Theo Moreton

PS : Brian,
J'ai été navigateur sur un Catalina de janvier à août
1946, dont le capitaine était Dave Regan, je crois. Il
était épicier à Levin. Le connais-tu ?»

Lorsque Maman termine la lecture de cette lettre
de mon oncle Theo à son frère, mon Papa, je suis stu-
péfaite par son pathos, par la tragédie terriblement
ordinaire de nos vies. J'ai perdu mon envie initiale de
rire de l'ironie de mon père découvrant qu'il a lui aussi
un frère secret. Ma grand-mère a réussi ce que Maman
n'a pas pu faire une génération plus tard : à savoir emporter son secret dans la tombe. Je soupçonne ma mère
d'avoir cru que le terrain avait été aplani entre elle et sa
belle-mère. Je suis impressionnée par le pouvoir qu'a
la honte de faire des ravages dans un système familial
en faisant taire les voix et en provoquant une douleur
qui n'arrive pas à trouver son juste nom. Et je dois me
rappeler que la première clinique de contrôle des nais-
sances n'a ouvert ses portes à Auckland qu'en 1953.
Que la pilule n'a été disponible qu'en 1961 et qu'elle
était réservée aux femmes mariées. Que l'avortement
était un acte criminel en 1961. Lorsque j'ai eu dix-huit

ans et que j'ai décidé de me dépouiller de ma virginité, j'étais au courant de l'existence de la pilule et de ce qui se passait si l'on n'avait pas de rapports sexuels protégés. Je suis allée voir notre médecin de famille. En secret. Je voulais être très adulte, mais j'étais tellement gênée et honteuse de ma demande que je suis devenue muette une fois entrée dans son cabinet. Il m'a regardée. J'ai rougi furieusement. Il a griffonné quelques mots sur un bout de papier et l'a fait glisser sur son bureau. Il y avait écrit : «la pilule ?» J'ai baissé les yeux et j'ai souri d'un air penaud. «Oui», ai-je chuchoté. Et je n'ai jamais regardé en arrière ! Contrairement aux femmes de la génération de ma grand-mère et de ma mère, qui étaient condamnées socialement tout en étant privées de toute option acceptable. Il est si facile de considérer la liberté comme acquise lorsqu'on ne sait pas ce qui s'est passé avant notre époque.

Je ne me souviens pas de la fin de la conversation avec ma mère, mais je sais qu'elle ne m'a pas lu la réponse de mon père à la lettre de son nouveau frère. Je ne me souviens pas que nous n'ayons jamais vraiment discuté du sujet. Je n'ai jamais demandé à mon père ce qu'il pensait de son frère ou ce qu'il avait ressenti en ouvrant la lettre de Theo en 1998. Je ne sais pas pourquoi. Même si la boîte de Pandore avait été ouverte deux fois, j'avais toujours l'impression que Ross et Theo restaient des sujets de conversation tabous en présence de mes parents, qu'ils soient séparés ou ensemble.

LA RÉPONSE, 2022

C'était le lendemain de Noël 2022. Papa était mort depuis 12 ans déjà lorsque j'ai enfin pu lire la réponse de mon père à son frère. J'étais de retour en Nouvelle-Zélande, une fois de plus, pour régler des affaires familiales. Ma sœur et moi rendions visite à notre cousine Adrienne et à sa mère, Chris, chez eux à Aidanfield, Christchurch. Une fois le thé servi, Adrienne a sorti son trésor d'histoires familiales, notamment la correspondance entre Papa et son frère. J'ai relu la première lettre de Theo avant de lire la réponse de mon père. Sa lettre était écrite à la main, au stylo bleu, les mots s'étalant sur deux pages de papier ligné. Elle était datée du 8 mars 1998. La date m'indiquait que Papa avait répondu immédiatement à la première lettre de Theo.

«Cher Theo,

J'ai été heureux de recevoir ta lettre et d'entendre un peu parler d'une autre partie de la famille. C'est aussi une grande surprise de découvrir que tu n'es pas l'aîné ; notre mère était aussi une surprise...»

Sans blague, Papa ! Je repensais à ce dîner d'anniversaire en juillet 1994, lorsque Papa nous a annoncé la nouvelle concernant Ross.

Je me penche sur l'écriture de Papa en essayant de déchiffrer certains mots. Je traite la lettre comme un document précieux. Comme si j'étais un auditeur privilégié de leur conversation. J'ai l'impression que c'est le moi authentique de mon père qui guide sa main. Comme son frère, il donne des informations et moi, le lecteur, je suis amené à ressentir ce que les deux hommes ont dû ressentir en se rencontrant sur le papier après *soixante-dix ans* d'absence.

Tous deux sont des Néo-Zélandais d'origine coloniale qui ont atteint l'âge adulte en temps de guerre : l'un est aviateur, l'autre marin. Tous deux sont circonspects dans l'expression de leurs sentiments, s'en tenant simplement aux faits :

> «C'est intéressant d'apprendre que tu étais en poste à Woodbourne [base aérienne] avec Maman et les filles qui vivaient si près, mais c'est la vie. Je n'ai jamais vécu à Blenheim, la famille y a déménagé lorsque j'étais dans la marine et je n'y ai passé que des permissions».

En parcourant les mots de mon père, je perçois un courant sous-jacent d'excuses pour avoir été celui qui a été « gardé », d'un frère cadet qui s'efforce de rattraper son aîné en mettant de la distance entre lui et la mère qui les a tous les deux mis au monde. Mais il écrit également, dans le paragraphe suivant :

«Il semble que tu suives la ligne de Maman avec le piano. Elle a toujours été douée, mais je ne pense pas l'avoir apprécié».

Est-il en train de dire à son frère aîné : «Tu as reçu d'elle quelque chose que je n'ai jamais reçu» ? Mon Papa essaie-t-il de rééquilibrer la balance ?

Papa raconte à son frère : «J'ai servi comme matelot d'août 1945 à janvier 1952». Il écrit à Theo qu'il a suivi une formation de matelot à Taranaki et qu'il a ensuite «rejoint l'*Achilles* pour retourner au Royaume-Uni à son bord, puis nous avons pris le *Bellona* au retour. Notre chemin aurait pu se croiser avec toi dans le ciel». Papa pourrait dire que des mondes les séparent, mais j'ai l'impression qu'il s'agit plutôt d'une façon de tenter de rendre la relation plus intime. Dans la phrase suivante, il souligne la carrière de Theo dans l'armée de l'air qui «semble intéressante» et reconnaît qu'il «s'est manifestement bien débrouillé».

Que peut-on faire tenir sur deux pages un dimanche matin de mars 1998, une semaine après avoir découvert que l'on a un grand frère ? Le mien, au moins, est venu pour le week-end.

Il change ensuite de sujet en demandant : «Es-tu grand ? Les frères de ma mère l'étaient tous, mais il semble que je sois resté le petit avec mes 1,80 m.» Cela me rappelle ma première conversation avec Ross, mon propre frère, et la sensation un peu délirante de passer du coq à l'âne pour essayer de le connaître sans vraiment savoir par où commencer.

Papa répond à la question de Theo sur Dave Regan, l'ancien capitaine de la marine, aujourd'hui épicier à Levin.

Bien que nous vivions à Levin, c'est un nouveau pays pour nous, donc le nom de ton ami le capitaine Dave Regan ne me dit rien.

Papa évoque ensuite sa propre vie professionnelle dans l'administration d'hôpitaux publics dans trois régions différentes du pays. Il conclut : «Lorsque j'ai pris ma retraite, c'était un service formidable avec des gens formidables, mais tout cela a disparu». C'est vrai. Depuis la déréglementation de la Nouvelle-Zélande dans les années 1980, les services publics, et notamment le système hospitalier, ont radicalement changé - mais Papa partage-t-il aussi avec son frère le sentiment du temps perdu ?

Il dit à Theo qu'il n'a que de vagues souvenirs de Lyttelton, où Theo a été emmené, enfant, rendre visite à la famille Bradley - à la maison sur la colline où vivaient ses grands-parents – là où on lui a donné les partitions de musique de sa mère avec le nom, son nom, Melva, écrit dessus. Papa écrit que son père était forgeron et que «je me souviens vaguement d'un vieux grand-père avec sa grosse moustache». Il ajoute que leur grand-mère maternelle commune, Gran, était «une petite personne».

Que se sont dit les grands-parents après que l'enfant Theo ait quitté la maison et la leçon de piano ? Ont-ils dit : «Le garçon de Melva devient un beau jeune homme» ? Ou bien : «Il est comme sa mère, il est doué pour le piano» ?

Melva était-elle présente lors de ces visites ?

Comment se sentait-elle en regardant son fils ?

A-t-elle jamais été tentée de se confesser ou le tabou familial était-il trop fort ?

Où était le père ?

Theo a-t-il jamais rencontré Lil, la petite fille que les Bradley ont adoptée dans la famille six mois après que Theo en ait été exclu ?

Que diable se passait-il donc dans le ménage de mes arrière-grands-parents ? Tant de choses n'ont pas été dites dans ces deux lettres. Et tant de choses que personne ne saura jamais maintenant.

Je reviens à la «lettre d'introduction» initiale de

Theo et je lis les post-scriptum destinés à ses deux sœurs qu'il a griffonnés sur la copie destinée à mon père. Au sujet de sa sœur Dawn, il dit : «Raylene est partie pour les États-Unis vendredi dernier, elle va bientôt devenir Mme Hansen. COINCIDENCE».

«Hansen» est le nom de femme mariée de la sœur de Papa.

Dans son deuxième post-scriptum à son autre sœur, Jan, il écrit : «Autre coïncidence : le deuxième prénom d'Adrienne est Jan, tandis que celui de Chris est Lorraine ! »

Adrienne est la fille aînée de Theo, ma cousine. Chris est le nom de la femme de Theo. Lorraine est le nom donné à la fille de ma tante.

Comme Theo, je suis frappée par ces étranges «coïncidences». Ces noms sont comme des fils de soie qui tissent légèrement Theo dans la toile de sa famille d'origine. Theo affirme qu'il a été élevé dans un foyer aimant, alors que Papa ne fait pas grand cas du sien.

Qui perd ou gagne le plus ? Ceux qui sont gardés ou ceux qui sont abandonnés ? Venir au monde a tous les attributs d'une loterie merveilleusement pitoyable. En regardant cela de l'extérieur tout en restant ferme-ment à l'intérieur, j'éprouve un sentiment d'impuissance mais pas de désespoir. Je ne suis qu'une créature mi-croscopique de plus participant à un drame titanesque qui n'a pas commencé avec moi et qui ne s'arrêtera pas avec moi.

Papa conclut sa lettre à Theo en disant qu'il n'est pas très enthousiaste à l'idée de traverser le détroit de Cook pour rendre visite à son frère à Nelson, mais il écrit : «Si tu le souhaites, nous avons de la place ici et tu seras le bienvenu». Il signe : «Sincèrement, Brian».

Quelle que soit l'inclinaison que je donne aux paroles de mon père, le ton général de la lettre montre clairement qu'il est heureux d'avoir un frère, tout comme je l'étais. Je n'ai jamais rencontré mon oncle Theo et je ne me souviens pas que mon père ne m'ait jamais parlé de son frère. Mais il a gardé toute sa vie l'habitude de répéter le vieux proverbe anglais : «Les enfants doivent être vus et non entendus.» Peut-être l'a-t-il appris de sa mère. C'était - et c'est toujours- un moyen très efficace d'étouffer la curiosité d'un gamin. Une fois que l'enfant a pris l'habitude de ne pas parler à ses parents, il ne pense tout simplement pas à poser les questions les plus évidentes comme : «Comment était-ce pour toi quand tu as rencontré ton frère ?» et aussi «De quoi avez-vous parlé ?».

Nous avions tous deux des frères avec lesquels nous n'avons pas grandi. Mon père a rencontré le sien à l'âge de soixante-dix ans et il était trop vieux pour profiter de sa compagnie dans la mesure où ils vivaient sur des îles différentes. J'ai rencontré le mien, son fils, à l'âge de quarante-deux ans et j'ai eu vingt-sept ans pour profiter de sa compagnie, même si nous vivions dans deux hémisphères différents. Ma grand-mère et ma mère ont toutes deux souffert de l'époque où les femmes faisaient l'amour à leurs risques et périls. Leurs familles ont toutes deux été complices des secrets que leurs filles ont cachés aux enfants qui sont arrivés par la suite. Ces secrets ont été une source de douleur pour une famille et une source de joie pour une autre.

Ainsi va la vie.

NOËL 1999 À LEVIN

En décembre 1999, j'ai présenté mon partenaire, Richard (celui pour qui j'avais quitté mon mari), à la Nouvelle-Zélande et à ma famille. À cette époque, le terme «famille» était très large. Lorsque j'ai rencontré Richard pour la première fois, j'avais une sœur et neuf cousins des deux côtés de la famille. Lorsqu'il a posé le pied chez moi à la fin du vingtième siècle, la famille s'était agrandie d'un frère, d'une belle-sœur, d'une nièce et d'un neveu, d'un oncle et de plusieurs cousins que je n'avais pas encore rencontrés.

Le moment était propice pour lui présenter la Nouvelle-Zélande. Le soleil allait s'y lever sur le XXIe siècle, avec douze heures d'avance sur l'Europe et nous voulions faire partie des heureux élus. Si le monde devait se déconnecter sur le coup de minuit, comme le prévoyaient certains médias, nous serions parmi les premiers à savoir à quoi cela ressemblerait. Le bug du millénaire devait être au numérique ce que le COVID serait plus tard à la race humaine : un désastre absolu. Ross nous avait invités à partager la fin du monde, au bout du monde, avec lui et sa femme.

Nous sommes arrivés à Auckland quelques jours avant Noël et avons voyagé vers le sud jusqu'à Levin. Maxine nous a rejoints la veille de Noël. Richard n'a eu aucune difficulté à s'adapter à la nouveauté d'une saison de Noël en short et T-shirt. Mais il n'était aucunement préparé au choc culturel de son premier déjeuner de Noël aux antipodes. Ma mère nous avait réservé une table dans un restaurant près de la plage. Il avait la réputation de servir des langoustes fraîches directement de la mer sur la table. Elle voulait que ce soit un avant-goût de la «vraie» Nouvelle-Zélande, quelque chose de spécial pour la première visite de Richard dans le pays.

La fête n'a pas bien commencé lorsque le jour s'est levé, froid et venteux. Déterminés à être fidèles au mythe de l'intrépide Kiwi, insensible au mauvais temps, nous avons enfilé des vêtements d'été, arboré des sourires courageux et sommes partis déjeuner, Richard à la traîne.

Après avoir vérifié l'adresse à plusieurs reprises, nous avons été forcés de conclure que la cabane un peu haut de gamme qui se trouvait devant nous était bien le restaurant. Il s'agissait d'un restaurant avec formule à emporter en bois peint en rouge avec un toit en tôle ondulée, posé sur le bord de la route avec quelques tables de pique-nique et bancs en bois assortis à proximité. Maman a eu l'air surprise. Maxine n'a pas sourcillé et Papa n'a pas eu l'air perturbé. Je ricanais. Personne n'a regardé Richard. Nous sommes entrés.

Sur les murs on avait peint des voiliers flottant sur des flots d'azur profond recouverts d'écume blanche. Ils voguaient sous un ciel d'un bleu éblouissant parsemé de nuages blancs comme de la barbe à papa. Le sapin de Noël drapé de guirlandes rouges et de boules rutilantes dans un coin de la pièce annonçait la saison ainsi que la raison de notre visite. Il y avait déjà des gens assis autour de tables à tréteaux alignées dans le restaurant.

Tout à fait le sens de l'esthétique de ma mère. J'ai regardé Maman sans avoir besoin de dire quoi que ce soit. Nous avons toutes les deux haussé un sourcil et je me suis demandé comment nous allions la jouer : «C'est comme ça que nous fêtons Noël en Nouvelle-Zélande» ou bien «Nous avons pensé que vous aimeriez vivre quelque chose de différent pour votre premier Noël en Nouvelle-Zélande» ou encore : «Oh mon Dieu, ce n'est pas croyable !»

Richard m'a chuchoté à l'oreille : «Sérieusement ? » accompagné d'un regard perplexe.

Je n'ai pas pu résister à une petite taquinerie. «C'est le restaurant préféré de ma mère. Elle y vient tout le temps», dis-je avec ostentation. La tension est retombée et Maman a éclaté de rire. Papa s'est demandé où était la blague et Maxine a gloussé, gênée, ne sachant pas si je plaisantais ou si j'étais sarcastique. Richard a saisi l'ironie de mon humour et s'est détendu dans l'atmosphère décontractée et amicale du restaurant.

La plupart des hommes avaient l'âge de mon père et portaient la tenue d'été traditionnelle des Kiwis, à savoir des bermudas et des chaussettes montant jusqu'au-dessous du genou. Les femmes portaient des robes d'été et des petites laines. Ma mère se distinguait des autres femmes de son âge par son élégant pantalon gris et son chemisier blanc soyeux à manches longues. J'ai remarqué qu'il n'y avait pas de jeunes familles ou d'enfants et j'ai compris que cet endroit, ce jour-là, n'était pas uniquement destiné à consommer de la langouste fraîche. Une fois que j'ai cessé de regarder le décor avec condescendance, j'ai pu le voir à sa juste valeur. Les gens s'étaient rassemblés ici pour être ensemble et la langouste était un bonus. Pour certaines personnes, Noël peut être une période de l'année où la solitude est dévastatrice.

Je me suis souvenue du premier Noël après avoir quitté mon mari. Ce fut désastreux. Je m'étais enfermée à l'extérieur de mon appartement à Paris et j'avais laissé les clés de la voiture à l'intérieur. Je n'avais aucun moyen d'en obtenir un double le jour de Noël et j'avais donc parcouru à pied les cinq kilomètres qui me séparaient de l'appartement que j'avais quitté l'été précédent. Il Il gelait et personne n'avait de téléphone portable à l'époque. Je n'ai donc pas pu appeler mon ex pour lui demander de l'aide. J'ai pleuré pendant tout le trajet, mais j'ai souri courageusement lorsque mon ex m'a donné une photo du PC qui n'était pas arrivé à temps pour être mon cadeau de Noël. Notre fils n'a rien compris mais a tout ressenti. Nous avons tiré le meilleur parti d'une situation difficile en faisant semblant d'être joyeux. Ce fut une expérience épouvantable pour nous trois. Nous n'avons jamais recommencé cet «exercice» ; Et Noël a été sacrifié sur l'autel d'une famille brisée.

Sur une plage située à dix kilomètres à l'est de Levin, par une froide journée d'été de 1999, je ne savais pas qui étaient ces gens, ni quelle était leur histoire. Peut-être avaient-ils choisi d'être là uniquement pour la langouste, mais en regardant la tranche d'âge, j'ai pensé qu'il était plus probable que ce soit pour la compagnie peu exigeante d'étrangers.

Nous avons pris place autour d'une des tables à tréteaux situées au fond de la salle et nous nous sommes présentés aux autres «étrangers» déjà installés. J'étais curieuse de savoir pourquoi ils étaient là, mais j'ai choisi de respecter la bienveillance de mise en ces circonstances et j'ai donc gardé mes questions dans ma poche.

Les tables étaient recouvertes de papier crépon rouge foncé et décorées de petites branches de pin peintes en or. J'ai croisé le regard de Richard et lui ai fait un clin d'œil. «Ce n'est pas tout à fait ce à quoi tu es habitué, hein ? » murmurai-je en repensant à mon premier réveillon de Noël en France, en 1978. J'avais fait mes valises et quitté Londres pour rejoindre mon amie Lynn à Paris. Elle m'avait demandé de m'occuper de son chat pendant qu'elle retournait en Nouvelle-Zélande pour épouser le Français qu'elle avait rencontré à Téhéran. Il se trouve que l'homme en question était le fils du conservateur du Louvre de l'époque. J'étais arrivée à Paris en bus avec toutes mes richesses, y compris un ours en peluche et un ficus géant. On m'avait conduite dans un vieil appartement du 16e arrondissement pour partager le repas du réveillon de Noël avec Madame et ses grands enfants.

J'y suis entrée en lutte avec une huître qui, malgré tous les coups de fourchette que je lui donnais, refusait obstinément de sortir de sa coquille. «Manque d'entraînement», avais-je marmonné les dents serrées. Mes hôtes avaient observé le tout, discrètement, avec une tranquille consternation. J'ai aggravé ma «maladresse» en tranchant le camembert au lieu de le couper en quartiers. La débâcle des huîtres aurait dû être un avertissement suffisant pour mes hôtes, mais non, ils ont insisté pour me servir le fromage en premier, par pure politesse. Ils m'ont présenté la roue non entamée sans mode d'emploi. J'ai donc tranché ! Je me sentais alors bien loin de chez moi. Loin de l'agneau rôti, des petits pois verts et des pommes de terre rôties servis le jour de Noël à l'heure du déjeuner pendant mon enfance en Nouvelle-Zélande.

Pendant ce temps, à la cabane, la chanson «I'm Dreaming of a White Christmas» (Je rêve d'un Noël blanc ») de Bing Crosby donnait un air de fête à l'événement, tandis que nous nous dirigions vers le buffet et prenions place dans la file d'attente. Bing et Frank Sinatra et leurs « White Christmas » étaient pour moi des déclencheurs de dopamine et, à en juger par les fredonnements et les sourires autour de moi, je n'étais pas la seule à naviguer dans une bulle de bien-être.

Enfant, je n'avais jamais trouvé étrange que l'on

mange un rôti d'hiver en plein été, que l'on décore les vitrines des magasins avec des boules de coton pour imiter la neige, que l'on chante des chants de Noël en décorant les salles avec du houx, ou que l'on ne se demande pas pourquoi le Père Noël transpirait derrière son grand costume rouge et sa longue barbe blanche. Ce n'est que lorsque je suis allée à Munich, pour Noël en 1980, que j'ai vu d'énormes sapins dégoulinant de neige dans les rues. J'ai vu des enfants se faire tirer par de vrais traîneaux sur une terre enneigée. Mon souffle faisait de la buée blanche dans l'air de la nuit. Le Père Noël se tenait bien au chaud dans son grand costume rouge en laine. Le sapin de Noël dans le salon de ma belle-famille était illuminé par de minuscules, mais vraies, bougies. Les cartes scintillantes que ma mère écrivait et envoyait assidument à la famille et aux amis à chaque Noël étaient devenues réalité. C'était comme découvrir que le monde de Disney était peuplé de vraies personnes et pas seulement de dessins animés de canards et de souris qui parlent.

Nous étions loin, dans le temps et dans l'espace, de Munich 1980 et encore plus loin de la façon allemande ou française de «faire» le repas de Noël. Il s'agissait d'une part d'un déjeuner et, d'autre part, d'un self-service, où l'on venait comme on était et où l'on mangeait à volonté. Les assiettes étaient « bombées » de légumes cuits et de pommes de terre, de salades et de desserts. Un grand homme au visage rougeaud, portant un tablier de boucher taché de sang et brandissant un grand couteau à découper, se tenait derrière le buffet. Il aurait été terrifiant s'il n'avait été radieux en disant le «Ho Ho Ho» du Père Noël à tous ceux qui présentaient leur assiette. Le costume du père Noël lui aurait bien convenu. Il découpait l'agneau rôti et le servait dans nos assiettes en nous souhaitant un joyeux Noël et en pointant du doigt les langoustes fraîches sur les grands plateaux de service à côté de l'agneau, qui suppliaient pour être dégustées.

Richard avait l'air déconcerté. « On s'adapte – on s'adapte ... » ai-je dit du bout des lèvres. D'accord, cela ne correspondait pas à l'idée qu'il se faisait de l'étiquette culinaire française, mais je n'aurais jamais eu l'idée de servir de l'agneau rôti avec des langoustes non plus.

Qu'est-ce qu'on s'en fiche, pensai-je, à quand remonte la dernière fois où tu as pu te permettre de manger des langoustes à satiété ? Certainement pas en France – et certainement pas en 1999.

Aujourd'hui encore, ma sœur insiste sur le fait que, ce jour-là, j'ai mangé, à moi toute seule, trois langoustes géantes. Elle ment, bien sûr. Je ne me souviens pas qui a mangé quoi, en quelle quantité ou dans quel ordre, mais je me souviens que c'était superbe, abondant, sans prétention et bon marché.

Ainsi va la vie.

LE PASSAGE À L'AN 2000 À WANAKA

Lorsque nous avons atteint le lac Wanaka, tout au sud de la Nouvelle-Zélande, le dernier jour du siècle, Richard s'était à peu près habitué à la vie dans l'hémisphère sud. Il avait réussi à faire entrer dans le pays un bocal de foie gras d'oie d'excellente qualité en provenance de France, sans se le faire confisquer à la frontière par un douanier zélé. À son arrivée à Wanaka, il l'offrit fièrement à Ross, qui se montra ravi et proposa de le servir avec le café du petit-déjeuner - ce qui équivaut au moment où j'ai tranché le camembert ! Richard l'a regardé, interloqué, se demandant ce qu'il devait penser de ce célèbre frère qu'il rencontrait pour la première fois.

« Il plaisante ? » me chuchote Richard, les sourcils levés dans ma direction.

«Non», ai-je répondu en chuchotant à mon tour : «Il ne peut pas lire l'étiquette, c'est en français !» Pensant que je venais de bien gérer ma première mission diplomatique entre les deux hommes, je me suis souvenue de l'incident du camembert. «En tranches ou en quartiers, ce n'est qu'un foutu fromage», avais-je eu envie de grommeler à l'époque. J'entendais Ross se moquer de la « francitude » de Richard : « On est un peu susceptible à propos du pâté de foie, hein Richard ?» Je m'imaginais Richard roulant des yeux comme ses compatriotes l'auraient fait pensant qu'il n'y avait pas d'espoir pour «les sauvages». Les Français ont tendance à être «sensibles», voire carrément arrogants, lorsqu'il s'agit de savoir comment, quand et quoi manger. Il n'est pas sage de s'en prendre à un Français et à son foie gras ! Il n'est pas bon non plus de le servir avec du café au petit-déjeuner. Enfin, pas dans la France du début du siècle.

Je fis un sourire lumineux à Ross et lui dit : «Nous buvons tous les deux du thé, mais tu peux en prendre avec ton café. Quant à nous, nous serions heureux d'en partager avec toi sur un toast, avant le dîner du jour de l'an avec un verre de vin».

J'ai fait un clin d'œil à Richard et pensé que je devrais poser ma candidature pour un poste dans un département de diplomatie internationale.

Nous nous sommes retrouvés en terrain plus familier, du moins pour Ross, lorsque nous avons commencé à préparer son bateau à moteur pour notre célébration du Nouvel An sur le lac. J'étais très enthousiaste à l'idée de vivre un Nouvel An très différent de celui de tous nos amis en France. J'ai cependant remarqué que Ross et A, sa femme, ne se parlaient pas beaucoup et que lorsqu'ils s'exprimaient, c'était avec des phrases courtes. Comme il y avait beaucoup à faire, j'ai supposé que la brièveté de leurs échanges était due au stress du moment. Le dernier jour de l'année le temps était couvert et il ne semblait pas que nous serions parmi les rares chanceux à voir le soleil se lever sur le nouveau siècle. À quatre heures, le bateau était attaché au SUV. Nous avons partagé le siège arrière de la voiture avec le Chowchow. Je ne suis pas fan des chiens. Mon expérience m'avait amenée à les considérer comme des créatures baveuses, bruyantes, imprévisibles et malodorantes. Le Chowchow de Ross, cependant, était assis dans un coin, tranquille et distant, s'occupant de ses affaires.

Je me suis dit que c'était *un chat géant. Si seulement les chiens ressemblaient plus aux chats.* Je soupire et m'installe dans le coin opposé de la voiture.

Je ne me souviens pas du nom de l'île où nous avons jeté l'ancre ni du moment exact où la bruine a commencé, mais je me souviens de l'impression désolante d'être abandonnée au milieu de nulle part à la fin du siècle. Si le monde devait s'arrêter à minuit, je ne voulais pas être dans une tente, au bord d'un lac, au bout du monde.

Quoique, en y réfléchissant, cela pourrait avoir des avantages.

Ross et A. ont fait le plus gros du travail, tandis que Richard et moi nous sommes contentés de tendre mollement des piquets de tente et quelques ustensiles de barbecue. Malgré mes origines, je n'avais que très peu d'expérience en matière de camping. La nature improvisée de la vie en camping n'aurait pas plu à ma mère et, peut-être que la dépense de base pour tout l'équipement aurait été prohibitive. Je suis née et j'ai grandi en ville (même si c'est une petite ville) et je me suis donc sentie plus qu'inutile pendant que mon frère et sa femme s'affairaient à dresser le camp pour la grande nuit.

Je suis restée joyeusement déterminée à célébrer la fin du siècle ou du monde ou des deux, advienne que pourra. Debout sur ce bout de rocher tranquille, bercée par le doux bruit de l'eau qui clapote sur le rivage, la menace d'une apocalypse me semblait être à des siècles plutôt qu'à des heures de distance.

La tension entre nos «Pa et Ma» du camp ne s'apaisait pas. Cette tension m'était familière. On aurait pu trancher le silence avec un couteau pendant les dîners de mon enfance. Je ne savais pas ce qui se passait entre Ross et A, mais il était évident qu'ils n'étaient pas heureux. Peut-être qu'A n'aimait pas le camping et que sa belle maison ancienne et les soirées aux chandelles à Christchurch lui manquaient. Je me sentais avoir un devoir de loyauté envers Ross et n'ai donc pas cherché à savoir ce qu'il en était.

«Tu as emporté les matelas gonflables ?» demande A à Ross, sans crier gare.

«Non, c'est toi qui devais le faire !», rétorque-t-il.

«Je pensais que tu le faisais». Sa femme esquisse une moue et hausse les épaules.

«Non, ma chérie, c'était ton travail. J'ai pensé à tout le reste.» La mâchoire de Ross se raidit.

Je n'allais pas risquer de créer un « triangle dramatique » en intervenant avec de quelconques commentaires apaisants. Non seulement ce bout de plage était caillouteux sous nos pieds, mais il allait l'être aussi pour les dos. J'ai essayé de me rappeler pourquoi Richard et moi avions été tellement séduits par le romantisme du changement de siècle dans cette partie du monde. Jusqu'à présent, aucune case n'était cochée.

Je ne me souviens pas de ce que nous avons mangé autour du feu de camp qui avait du mal à rester allumé, mais je sais que je portais des vêtements imperméables par-dessus un short et un T-shirt. Prise entre le marteau et l'enclume, je suis restée éveillée jusqu'au compte à rebours de minuit. Le gigantesque feu d'artifice que j'attendais n'était rien d'autre qu'un fugace pétard mouillé dans un ciel sans lune sur le coup de minuit.

Après avoir fait notre devoir en accueillant la nouvelle année, nous nous sommes glissés sous la tente et nous sommes allongés sur le sol dur pour essayer de dormir. Le Chowchow s'est installé avec A et Ross d'un côté et Richard et moi de l'autre. La fourrure du chien était humide et en plus, il était costaud. Il reniflait et ronflait, mécontent, je suppose, des conditions de couchage. Ross aboya quelques ordres de maître à chien et le chien laissa tomber sa tête sur ses pattes avant.

«Je te ferai savoir quand nous passerons un bon moment», ai-je chuchoté en français à Richard.

C'est ainsi que commença le nouveau millénaire : à plat sur le dos sur un sol rocailleux, à côté d'un chien mouillé, dans une tente, en amont d'un lac, au bout du monde, sous un ciel détrempé. Le soleil boudait encore lorsque le jour s'est levé quelques heures plus tard. J'ai pris une photo de Richard sortant de la tente, toujours vêtu de sa tenue de pluie, mais arborant un sourire courageux qui démentait le désespoir qu'il avait au fond des yeux. La légende sous la photo serait la suivante : «Comment j'ai survécu à mon premier voyage en Nouvelle-Zélande».

Au moins, la bruine s'était calmée et j'ai aidé mon frère à préparer un petit déjeuner composé de saucisses, d'œufs et de bacon pour tout le monde. La vie était belle. J'étais debout. J'étais au sec. J'avais de la nourriture dans mon assiette. Et surtout, je n'avais plus à faire semblant de m'amuser. La fameuse fête de fin de siècle était terminée. Rien de fâcheux n'était arrivé au monde, pour autant que je puisse en juger. Je regrettais de ne pas avoir l'occasion de parler à Ross seul à seul. Je voulais savoir ce qui se passait entre lui et A. Ensemble, à quatre, il n'y avait pas grand-chose à dire. La discussion se limitait à ce qu'il fallait faire ensuite. Une fois le petit-déjeuner terminé, le processus inverse commença. Nous avons démonté la tente, rangé le bateau et, Ross à la barre, nous sommes rentrés à toute vitesse en direction de la commune de Wanaka. J'étais assise à l'arrière du bateau, exultant du rugissement et de l'écume que produisait la traversée de l'eau à toute vitesse. Je me sentais complice du plaisir que mon frère éprouvait à maîtriser les grandes courbes qu'il faisait en manœuvrant le bateau. Pendant que nous étions en mouvement, parler était superflu. L'idée que mon frère était probablement quelqu'un qui ne se retrouvait jamais seul me traversa l'esprit. En groupe, nous faisions tous partie d'un spectacle sans fin.

Après avoir déballé - une fois de plus -, de retour au bach[2] (cabanon) de Warren Street, nous avons allumé

---

[2] Un bach est une maison secondaire située généralement aux alentours d'une plage ou d'un lac. Elle est généralement brute et prête à l'emploi.

la télévision, sorti le foie gras, bu du vin et regardé les magnifiques feux d'artifice organisés dans les grandes villes du monde. Dans le confort et la chaleur du salon, nous avons ri de notre vaine tentative de célébrer cet événement capital et avons ironisé : « Ouf ! La télévision fonctionne, il ne peut pas y avoir que de mauvaises nouvelles ! »

Le monde a continué comme si de rien n'était et nos ordinateurs ne nous ont pas laissé tomber. La relation de Ross avec A s'est poursuivie pendant quatre mois. A et lui dansaient en effet sur une musique différente. Il voulait sentir qu'il y avait une femme derrière tout ce qu'il entreprenait et elle avait besoin de sécurité émotionnelle. Je n'ai pas eu besoin d'un diplôme de thérapeute pour comprendre quelle femme il voulait sentir derrière lui. Il n'a pas été surprenant d'apprendre qu'il avait rencontré quelqu'un d'autre peu après la reprise d'activité en janvier. Fidèle à lui-même, Ross ne tergiversait pas lorsqu'il voulait quelque chose - ou quelqu'un. Il se fixait un objectif et l'atteignait. Il ne laissait rien se mettre en travers de son chemin. La femme qu'il voulait était aussi engagée dans un mariage malheureux. Mais cela ne me regardait pas et je n'étais certainement pas en position de juger : j'avais moi aussi quitté un mari - voulant être fidèle à moi-même et quelles que soient les retombées pour mon fils et mon mari. Je comprenais la nécessité existentielle de rechercher le bonheur ou, du moins, l'honnêteté dans une relation.

Ross a quitté A, et j'ai perdu une âme sœur. Je suis allée la voir dans son bureau quelques années plus tard, lorsque le chaos a été derrière et le divorce réglé. Ce n'étaient que sourires polis et conversations maladroites. Je n'ai plus essayé de combler l'abîme, mais Ross n'a jamais renoncé à réintégrer A. dans sa vie. Exclure quelqu'un de son monde ne faisait pas partie de son ADN. Au fil du temps, il a tenté à plusieurs reprises de transformer son ancien mariage en relation d'amitié. Il avait réussi cet exploit avec sa première femme et mère de ses enfants. Mais A. était déterminée à ne plus rien avoir à faire avec lui. Aucun jeu de séduction ni aucune bonne volonté ne pouvait réparer les dommages que son infidélité lui avait infligés. Elle était déjà blessée émotionnellement lorsqu'il l'avait épousée, et le fait qu'il l'ait quittée avait creusé une plaie qui ne supportait plus d'être touchée.

Ross ne lui en voulait pas, tout comme je n'en voulais pas à mon premier mari, mais Ross et moi étions tous deux dans la position privilégiée d'aller vers l'amour tout en abandonnant un ancien être cher comme une chaussette sale que l'on jette à côté du panier à linge.

Ainsi va la vie.

ENCORE UN DE CES APPELS TÉLÉPHONIQUES

Lorsque mon fils m'a appelée, fin 2010, pour m'annoncer qu'il allait se marier, j'ai sursauté. Lorsqu'il a annoncé dès sa deuxième phrase qu'il se convertissait au judaïsme, j'ai eu un haut-le-cœur.

«Alors, tu as trouvé ta voie spirituelle.» C'était là une piètre tentative pour dissimuler le choc.

Je n'avais rien vu venir. Je me souviens qu'à la fin de ses études, nous marchions ensemble dans la rue, discutant de ses options pour l'avenir. Il s'est tourné vers moi et m'a dit qu'il envisageait de rejoindre une force de combat d'élite. Je n'ai pas crié : «Tu as perdu la tête ?». J'ai calmement pris une grande respiration et j'ai dit, avec autant d'enthousiasme que je pouvais prétendre, «C'est une idée intéressante. Où pourrais-tu obtenir plus d'informations sur les conditions d'adhésion ? » Peut-être que l'enfant qu'il était à l'intérieur voulait choquer sa mère et lui faire refuser radicalement son idée, afin qu'il puisse la combattre. J'ai toujours pensé qu'il valait mieux discuter et explorer plutôt que de s'opposer aux idées de mon fils et de les rejeter d'emblée. Lorsqu'il a annoncé qu'il se convertissait au judaïsme, j'ai maintenu la même politique.

« Je rejoins une communauté qui a une histoire ». *Il semble clair et déterminé. Il ne s'agit pas de religion. Une*

*communauté avec une histoire - c'est un euphémisme !
Et tu t'appelles Christophe ! Cela devrait plaire à la
communauté juive.* J'ai évité d'exprimer toute une série
de jugements pendant que je cherchais ma prochaine
phrase de «Maman moderne». Lorsque les enjeux émo-
tionnels sont élevés, ma position de repli consiste à me
concentrer sur les faits. Comme je l'avais fait le soir du
21 juillet 1994, lorsque j'ai posé la question «quand».
En 1994, cette question m'avait permis de me remettre
du choc. Face à la décision de mon fils de se marier
et de se convertir, j'ai demandé «quand» pour ne pas
laisser transparaître ma déception en tant que telle ou,
pire, comme une critique. Il épousait sa petite amie du
lycée - mais elle n'était pas mon choix. Il rejoignait sa
tradition religieuse. Ce n'était pas la mienne.

Son père et moi ne lui avions donné aucune éducation religieuse. Son père, né dans la foi catholique,
était violemment opposé à tout «endoctrinement» de
la part de l'Église. J'avais été élevée dans une tradition protestante et je ne voyais aucune raison de m'y
opposer. Je me suis souvenue de la première réaction
de mon propre père lorsque je lui ai annoncé que
j'allais épouser un Français. «Alors, tu vas épouser un
Catho ?» L'idée que la religion ait une incidence sur
le mariage, ou qu'il y ait une association automatique
entre un Français et le catholicisme, m'avait étonnée.

Deux générations plus tard, mon fils m'étonnait en me confirmant que – oui - la religion avait quelque chose à voir avec le mariage. Bien plus tard, je comprendrai que notre fils nous reprochait de ne pas lui avoir donné les repères structurants qu'une pratique religieuse lui aurait apportés. Nous nous étions toujours dit que nous gardions son esprit libre de tout préjugé afin que plus tard il puisse faire un choix éclairé. Nous n'aurions pas dû être surpris lorsqu'il a fait exactement cela : un choix éclairé et conscient. Mais ce n'était pas notre choix.

Il est difficile de bien élever ses enfants. Les choix ne sont pas évidents. Suivre loyalement les traces de ses parents et faire comme eux ? S'essayer à la rébellion et jurer de ne jamais répéter les erreurs qu'ils ont commises avec vous ? Osciller vaillamment entre le désir d'honorer à la fois la tradition familiale de votre conjoint et la vôtre ? Ignorer votre famille d'origine et embrasser de tout cœur celle de votre conjoint ? Abandonner les deux côtés et revendiquer l'originalité ? Quoi que vous pensiez faire en tant que parent, votre enfant doit, d'une manière ou d'une autre, se défaire du lien qui l'unit à vous et devenir sa propre personne. Il est alors libre de faire ses propres erreurs et vous pouvez vous tordre les mains en vous demandant où vous vous êtes trompés !

A tort ou à raison, notre fils a suivi sa formation, s'est fait circoncire et était prêt à se marier en juillet 2012. J'ai rencontré le rabbin. C'était un petit bonhomme au cœur débordant d'amour et à l'intelligence vive et joyeuse. Il naviguait aisément entre l'anglais, le français et l'hébreu, formulant les grands enseignements de la Torah en termes accessibles au profane. Je pouvais comprendre ce qui avait attiré mon fils vers lui - pourquoi il avait dit «oui» à la conversion qui, à son tour, avait facilité le «oui» au choix de sa partenaire.

Pendant la période de formation de mon fils pour devenir juif, j'ai fait ma propre «formation». Je me souviens très clairement d'une phrase qui m'est venue au cours d'une méditation silencieuse tôt un matin de cette époque : «Tu peux choisir de l'aimer». À partir de ce moment, j'ai écouté cette voix intérieure. J'ai effectivement fait le vœu d'aimer ma future belle-fille, quoi qu'il arrive. Cette décision m'a permis d'affronter les nombreux défis, encore inconnus, qui m'attendaient.

À ma grande surprise, j'ai découvert que mon fils et ma future belle-fille voulaient un mariage auquel participeraient plus de cent cinquante personnes. Ils le voulaient en blanc et selon la tradition juive. Ils voulaient une fontaine de chocolat ainsi qu'une fontaine de champagne. Ils voulaient une montagne de macarons et une « Chuppah ». Je n'avais pas la moindre idée de ce dont ils parlaient, même si l'idée d'une pyramide de verres champagne me plaisait.

C'est quoi ce truc ? Une fontaine de chocolat ? J'ai imaginé des montagnes et des fontaines et réalisé qu'il y avait d'énormes lacunes dans mon éducation. J'aurais dû étudier l'architecture plutôt que la littérature.

J'ai commencé à comprendre ce que signifiait tout cet «aménagement» lorsqu'on m'a montré les chiffres. Une personne moins courageuse aurait fait un arrêt cardiaque immédiat en apprenant quelle serait sa contribution financière à l'«architecture».

Les grands mariages en blanc étaient un phénomène nouveau pour moi. La génération hippie ancienne mode, dont je faisais partie, les avait rejetés, estimant qu'ils rabaissaient les femmes. Le transfert de la mariée habillée en « meringue » du père au mari avait été remplacée par des événements créatifs qui se déroulaient sur les plages, dans les jardins, dans les arbres - n'importe où sauf dans une église. Les scénarios étaient écrits mutuellement pour et par les mariés et ne nécessitaient que la présence d'un juge de paix pour prononcer quelques phrases légales qui scellaient l'accord. Je ne savais pas ce qui avait provoqué le retour aux mariages traditionnels. Les femmes étaient émancipées, le choix leur appartenait donc. Les hommes n'avaient rien à défendre - ou à combattre - en matière de mariage et leur rôle dans son organisation restait donc accessoire. Du moins selon moi. Mes pensées étaient peut-être influencées par un état de choc post-traumatique provoqué par le coût exorbitant de l'événement que mon fils et sa future épouse préparaient. Mais en fin de compte, si je voulais jouer le rôle de la mère du marié, il y avait un prix à payer. Je n'avais qu'un enfant et je voulais absolument en être, j'ai donc cassé ma tirelire et je me suis lancée à fond.

J'allais fêter mon soixantième anniversaire et le mariage de mon fils de vingt-neuf ans en un seul et même événement. J'ai invité ma famille néo-zélandaise en France pour qu'elle participe à la fête. Nous irions dans une villa du sud de la France à la fin du mois de juin et remonterions à Paris pour le mariage dans une ferme chic de Normandie au début du mois de juillet. Autant faire les choses jusqu'au bout, non ?

Ainsi va la vie.

UNE FÊTE D'ANNIVERSAIRE, JUIN 2012

C'était la première fois que mon frère et ma sœur étaient présents en personne pour fêter un anniversaire. Nous avons tous les trois voyagé avec nos partenaires en première classe d'un train à grande vitesse jusqu'à Avignon le vendredi 22 juin au matin. Nous avons pris des voitures de location et nous nous sommes rendus à la périphérie d'Uzès. Je ne me souviens pas très bien du trajet, mais ce dont je me souviens c'est d'une météo impeccable, sans rien d'autre qu'un bleu lumineux et le murmure de douces brises tout au long du week-end. Et je me souviens encore des cris de joie lorsque, l'un après l'autre, les membres de ma famille ont franchi une lourde porte en bois dans un vieux mur de pierre et pénétré dans un jardin d'oliviers et de buissons de lavande en fleurs. C'était comme entrer dans un univers parallèle. D'un côté du trou dans le mur, il y avait un petit hameau tranquille et endormi et de l'autre, une végétation luxuriante et des escaliers en pierre menant à de charmantes chambres avec des salles de bain aux baignoires géantes en granit et des douches à l'italienne qui faisaient la moitié de l'appartement de Richard et du mien à Paris. Une piscine offrait une vue panoramique sur les vignobles et les collines au loin. L'eau, l'espace, la pierre, les cigales et le parfum de la lavande ont jeté sur ces trois jours de fête un doux enchantement. En qualité de « Birthday Girl » j'étais aux commandes tout le long du week-end d'anniversaire. C'était quelque chose de nouveau pour Ross. Il n'avait pas l'habitude d'être un simple invité. Nous avons bien joué nos rôles respectifs.

Nous avons pris notre petit-déjeuner sur une terrasse, dans le prolongement d'une immense cuisine ouverte. Nous nous sommes assis sous un parasol géant. Je ne me souviens pas exactement de ce que nous avons mangé, mais des mots prononcés comme «exotique» et «copieux» étaient au menu. Le samedi matin, nous nous sommes rendus dans la vieille ville d'Uzès. C'était jour de marché. Les rues étroites et la place centrale étaient bondées d'étals et de monde. Nous avons essayé des chapeaux et nous sommes attardés pour écouter les orchestres de rue. Nous avons mangé sur le pouce et sommes repartis avec des panamas et des CD. Nous avons flâné au bord de la piscine dans l'après-midi et nous nous sommes fait maquiller et coiffer pour accueillir les autres invités à l'anniversaire, avec une coupe de champagne, sur le coup des dix-huit heures.

Ross et moi étions habillés de la même façon, en noir. Il avait l'air « classe » dans son T-shirt et son pantalon noirs. Je me sentais très chic dans une jupe de crêpe au mollet et au bord évasé, avec un haut noir assorti, zippé sur le côté et lacé dans le dos. Tous les autres invités avaient l'air chic au bord de la piscine, avec des vêtements élégants et des chaussures d'été. Richard portait son nouveau chapeau Panama. Je me suis régalée dans la chaleur d'un rituel d'anniversaire fait de toasts et de discours proclamant à quel point j'étais merveilleuse, à quel point j'étais belle et à quel point tout le monde était heureux d'être là.

C'est mieux qu'une thérapie, me suis-je dit, m'abandonnant entièrement au plaisir du moment. *Ce n'est pas très bon pour le compte en banque, mais pour l'instant, qui s'en soucie ?*

Comme Ross, j'étais prévoyante, pas inquiète. J'avais beaucoup réfléchi au week-end avant qu'il n'arrive et je me sentais donc libre de me délecter du pétillement du champagne et du frôlement de la brise dans mes cheveux. C'était mon anniversaire, bien que précoce, et mon unique enfant se mariait dans une semaine. Mes amis et ma famille avaient tous dit « oui » ! Ma joie du moment était intacte malgré le fait que je savais qu'Henri, le mari de Béatrice, un de nos très chers amis marseillais, était atteint d'un cancer et qu'il ne lui restait que peu de temps à vivre. J'étais consciente de l'effort physique considérable que cela lui coûtait d'être là, même avec le soutien de sa femme. Mais la tristesse pouvait attendre dans les coulisses. Son tour d'occuper le devant de la scène viendrait bien assez tôt. Je n'étais pas une éternelle optimiste. J'avais parfois pensé que ma mère en était une, étant donné sa détermination à vivre selon son mantra, « Il ne pleuvra pas », et ce quand bien même toutes les prévisions météorologiques disaient le contraire. Je me suis demandée si Ross était aussi un tantinet un éternel optimiste ou si les problèmes n'étaient que de merveilleuses occasions de trouver des solutions. Personnellement, je n'aime pas les problèmes, d'où l'importance de planifier.

J'ai passé beaucoup de temps à le faire lorsqu'il s'est agi de décider de la disposition des tables pour le dîner du samedi soir. Le restaurant avait répondu à ma demande de réunir tout le monde autour d'une même table en créant un immense carré qui nous permettait d'asseoir trois convives de chaque côté de la table. C'était un nombre parfait pour une structure parfaite. J'aimais plus le carré que le cercle. La ligne droite avait quelque chose de très agréable. Je me souviens qu'une vieille amie m'avait un jour taquinée sur ma prédilection pour la « rectitude ». Nous coanimions un événement « team building » dans un hôtel de luxe du sud de la France et nous nous préparions à la journée en nageant tôt le matin dans la piscine de l'hôtel. Elle zigzaguait lentement autour de la piscine, appréciant les possibilités créatives offertes par sa forme. Pour ma part j'avais trouvé la plus longue distance en ligne «droite» et je m'étais mise à aller et venir avec détermination, en faisant clairement comprendre que je ne devais pas être interrompue. Cette amie m'avait ensuite fait part de sa stupéfaction en me disant : «Tu es bien la seule personne que je connaisse qui arrive à nager en ligne droite dans une piscine en forme de haricot !

Aujourd'hui encore nous rions de ce trait de personnalité qui contraste, en apparence du moins, avec le sien. Ce n'est pas tout, mais je ne peux pas nier mon amour des lignes droites.

J'étais donc ravie de la table carrée et de mon plan de table. La fête allait se dérouler merveilleusement.

Je m'étais dit :

Elle est anglaise et il adore son héritage anglais.

Lui et elle, ont tous deux une formation syndicaliste et sont d'impétueux gauchistes. Ils ont chacun occupé des postes à responsabilité dans de grandes organisations. Ils sont tous deux de langue maternelle française.

Elle a l'esprit vif et il est extraverti. Ils soutiendront le valeureux Henri.

Il a la même forme d'intelligence et de sensibilité qu'elle. Ils écouteront le silence de l'autre autant que ses paroles.

Je m'assiérai entre mon frère et ma sœur, délicieusement et légitimement placés en bout de table.

Mon raisonnement s'est avéré exact lorsque j'ai vu les gens s'engager facilement dans des conversations en tête à tête. Je me suis félicitée de mon cocktail d'introvertis et d'extravertis. Les extravertis se disputèrent le devant de la scène et entretinrent la fête jusque tard dans la nuit. Les introvertis glissaient un commentaire ironique qui attirait l'attention de tout le monde mais, en général, ils étaient heureux de suivre plutôt que de mener. Je ne me souviens pas exactement de ce que nous avons mangé, mais on nous a servi de nombreuses petites créations culinaires gastronomiques aux noms farfelus. Chaque plat était accompagné d'un vin différent. Tout était exquis. Je ne me souviens pas de ce dont nous avons parlé, mais il y a eu beaucoup de rires et de plaisanteries, le cri d'un paon, une chaussure qui se faisait passer pour un téléphone portable, beaucoup de taquineries autour du chiffre six, d'autres toasts et d'autres discours. Je me souviens avoir insisté pour que nous chantions tous «Turn, Turn, Turn» dans la version des Byrds. Seul un véritable ami accepterait de chanter les paroles bibliques : «Il y a un temps pour tout», accompagnées d'une musique de mauvaise qualité provenant d'un téléphone portable dont la batterie était presque vide et dans une langue étrangère pour la moitié des fêtards. Seuls de bons amis pourraient m'offrir un citronnier dans un pot et me faire confiance pour voir le côté amusant de le ramener à Paris. Que pourriez-vous offrir d'autre à une néo-zélandaise parisienne qui se trouve dans le sud de la France ? J'allais bien trouver un moyen de le ramener à la maison par le train. Ce fut le cas.

Ainsi va la vie.

UN MARIAGE JUIF, JUILLET 2012

Nous nous habillons et nous mettons en valeur pour un anniversaire, un enterrement ou un mariage. Ce sont des rendez-vous qui nous aident à garder foi en notre humanité. Ce sont des rituels qui nous unissent comme les doigts de la main.

Le mariage de mon fils n'a pas fait exception à la règle. Il a été impeccablement planifié et orchestré. Tout le monde s'est mis sur son trente-et-un. Juifs et Gentils se sont réunis dans l'ignorance paisible des traditions de chacun, pour souhaiter bonne chance au couple. J'ai cité Rabindranath Tagore dans mon discours et je me suis laissée hisser sur une chaise au-dessus de la foule par une bande de costauds en smoking.

Si je pensais ignorer les grands mariages en blanc, ce n'était rien comparé à mon ignorance de la version juive. Cependant, à la fin des deux jours de célébration, je déclarerai que tous les mariages devraient être juifs et, en outre, qu'ils devraient tous être exactement comme celui de mon fils et de sa fiancée.

L'EXCITATION AVANT LE MARIAGE

Il s'est passé beaucoup de choses pendant la semaine qui s'est écoulée entre notre retour à Paris après ma fête d'anniversaire dans le sud et le mariage du dimanche 1er juillet.

Ross et Petrea[3] sont restés dans le sud, visitant des endroits comme Marseille et Saint-Raphaël. Maxine et son mari, Craig, sont également restés dans le sud pour visiter Avignon, Arles et Montpellier. Maman est arrivée via Christchurch et Singapour. Emma, la cousine de Christophe, et son compagnon, Richie, sont arrivés par l'Eurostar depuis Londres. J'avais l'impression que le monde arrivait à ma porte et j'ai passé la semaine précédant le mariage dans un état de grande excitation.

Christophe et sa promise s'étaient mariés, selon les lois de la République, à la mairie du 15e arrondissement avant ma fête d'anniversaire. En France, on ne monte pas aux arbres et on ne va pas sur les plages pour prêter serment d'allégeance. L'église n'a pas eu son mot à dire jusqu'à ce qu'un maire représentant l'État laïque ait déclaré le couple légitimement marié. Après cela, Dieu était le bienvenu et la cérémonie de mariage pouvait se dérouler selon la forme religieuse à laquelle vous adhériez. Dans le cas présent, il s'agissait d'une cérémonie juive.

---

[3] Ross a été marié pour la troisième fois à Petrea le 27 décembre 2003.

RENDEZ-VOUS

La semaine précédant le «grand jour», Maman et moi avons rencontré le père de Christophe dans un café près de la gare Montparnasse. Il était toujours aussi irrité par le mariage de notre fils. Je ne savais pas si c'était à cause de la somme qu'il devait débourser. Ou parce que c'était juif. Ou encore à cause du choix de l'épouse de son fils. Ou bien simplement parce qu'il détestait tout ce qui avait trait au «blabla» religieux. Il était de gauche et fervent défenseur de la laïcité de l'État français. J'étais trop impatiente d'assister à l'événement et tellement ravie que ma famille soit venue, pour me sentir déroutée par son pessimisme. Maman était vraiment heureuse de le revoir. Pour elle, il était toujours son gendre et le mariage était un prétexte pour revoir tous les membres de la famille qu'elle avait perdus de vue lors du divorce.

C'est le problème de la séparation et du divorce : il ne s'agit jamais que des deux personnes. C'est toute une structure familiale qui tombe en ruines et chacun manque de quelqu'un ou de quelque chose. Il est difficile de maintenir le contact, même avec les membres préférés de la famille de son ex-conjoint, lorsque le divorce coupe l'union en deux. Les retombées sont nombreuses.

Un mariage offre aux deux parties la possibilité de faire table rase du passé, mais cela dépend de la bonne volonté de la partie lésée. Lors de ce mariage, mon ex et moi devions marcher de part et d'autre de notre fils, dans l'allée herbeuse, entre les invités, jusqu'à la Chuppah. Je ne savais pas comment cela se passerait le jour J, mais avec un peu de chance, il se serait écoulé suffisamment de temps depuis notre divorce en 1996 pour que nous soyons de bonne humeur le 1er juillet, 2012.

La rencontre au café était un geste qui allait dans ce sens. Et cela se passa vraiment bien.

«Je porterai une veste indienne de style Nehru», annonce mon ex, comme s'il défiait une sorte de code vestimentaire imposé.

«Je porterai un pantalon Punjabi avec une Kurta en soie», dis-je en riant. «Nous aurons l'air d'un couple de vieux baba-cools».

Nous étions tous deux ravis d'avoir choisi un thème indien pour un mariage juif. C'était un clin d'œil à notre époque hippie, il y a trente ans, lorsque nous nous étions rencontrés pour la première fois dans un bus sur la côte est de l'Afrique.

Le rendez-vous au café avait eu lieu en milieu de semaine. À la fin de cette semaine, le 29 juin, le reste de la famille revint à Paris. Nous nous sommes retrouvés au

Train Bleu, un magnifique restaurant Belle Époque qui surplombe les voies ferrées de la gare de Lyon. Le décor flamboyant et doré de l'intérieur surpassait la qualité de la nourriture qui était, à son tour, surpassée par son prix. Le fait de retrouver ma famille à Paris n'avait pas de prix et surpassait tout le reste. En bref, j'étais heureuse.

LA SYNAGOGUE

Le lendemain matin, les hommes ont revêtu des kippas et nous nous sommes tous retrouvés au dernier rang de la synagogue du rabbin Tom, dans le 17e arrondissement. J'avais visité des synagogues historiques aux Pays-Bas et en Espagne et j'ai donc été surprise de me retrouver dans le salon de l'appartement d'un particulier. Certes, le lieu avait été dépouillé de tout ce qui pouvait l'identifier comme un salon, mais il ne faisait aucun doute qu'il s'agissait du lieu d'habitation de quelqu'un. Des chaises métalliques pliantes étaient disposées en rangs dans le «salon» et une estrade se trouvait à l'avant de la pièce. Derrière l'estrade, il y avait un petit meuble recouvert d'un rideau de velours bleu. J'avais imaginé quelque chose d'un peu plus proche d'une église : des bancs et des tableaux, pas de croix évidemment, une « raideur » adoucie par quelques fleurs. J'ai attrapé ce que j'avais pris pour une Bible et découvert qu'elle était non seulement écrite à l'envers, mais aussi à l'endroit. J'avais envie de rire, mais je n'osais pas. J'étais «à l'église». J'ai jeté un coup d'œil au reste de la famille et j'ai vu qu'ils avaient eux aussi l'air déconcertés. J'ai jeté un coup d'œil par-dessus l'épaule de la personne assise devant moi, à la recherche d'indices. Mon frère a carrément demandé à son voisin : «Comment ça marche ?». Je ne savais pas quel genre d'éducation religieuse il avait reçu. Je ne lui avais jamais posé la question directement, mais j'avais appris que ses deux «parents» avaient été de fervents protestants. Il prenait l'expérience de la synagogue à bras-le-corps. Rien ne semblait jamais l'effrayer.

J'ai quitté l'appartement transformé en me sentant intelligente et intégrée dans la communauté libérale que mon fils avait choisi de rejoindre. J'avais fait sept ans d'études bibliques, par choix, pendant mon enfance. J'avais adoré les histoires bibliques des deux testaments. Ainsi, bien que le rituel du service et les objets de culte aient été différents, je me suis sentie chez moi - relativement. Lorsque Christophe a été appelé pour lire un extrait de la Torah, il a été appelé par son nom juif. Cela avait résonné étrangement à mes oreilles, jusqu'à ce que je me souvienne que je portais moi aussi un nom étranger, qui m'avait été donné par mon propre maître spirituel. Mon nom était Yashoda, la mère adoptive du bébé Krishna. Swami Veetamohananda, alors président de la Mission Ramakrishna en France, me l'avait donné à l'époque où j'avais rencontré mon frère. Je ne me souviens pas si c'était avant ou après notre rencontre et je n'ai jamais pensé à analyser la signification du rôle que joue Yashoda dans la mythologie indienne ni celle du rôle que l'adoption a joué dans ma propre histoire familiale.[4]

J'avais réservé des massages pour les «filles» le samedi après-midi et un coiffeur pour le dimanche matin à la maison. Je trouvais bizarre d'aller à un mariage un dimanche et encore plus bizarre de me faire coiffer, assise dehors, à la maison, un dimanche matin. J'avais découvert que certains coiffeurs étaient heureux de se faire un peu d'argent supplémentaire en s'occupant de ces cérémonies dominicales. Je lui ai offert cinq têtes à coiffer. Tout le monde en a eu pour son argent.

Nous sommes partis dans deux voitures pour la campagne normande, juste après le déjeuner du 1er juillet. Nous avons déposé nos affaires au B&B, revêtu nos atours, vérifié notre apparence, reçu l'approbation mutuelle, puis avons roulé quinze minutes de plus, jusqu'à la ferme. Nous étions prêts pour la cérémonie

---

4   Vous pouvez consulter mon premier livre, Once a Pilgrim, Always a Coach, si vous souhaitez lire le parcours approfondi de ma croissance spirituelle.

de fin d'après-midi. Mon unique enfant allait se marier.

LA CÉRÉMONIE DU MARIAGE

Un dais de mariage juif se dresse, blanc et solide, à l'une des extrémités de la pelouse de la ferme. Des chaises, recouvertes de tissu blanc, sont disposées en rangs de part et d'autre d'une allée émeraude.

En revenant plus tard sur les photos, je suis critique non seulement de ma tenue, mais aussi des lunettes de soleil que je n'ai pas enlevées. J'ai l'air d'avoir pleuré, d'avoir joué aux stars de cinéma ou d'avoir caché un œil au beurre noir. J'étais la seule à porter des lunettes de soleil bien que le soleil déclinant soit encore assez brillant pour les mériter. Étais-je l'objet d'histoires chuchotées sur la mère du marié - la belle-mère ? Je ne me voyais pas dans ces rôles et encore moins dans l'équivalent de la belle-mère des contes de fées. Les Français n'utilisent qu'un seul mot pour parler du rôle par rapport aux enfants de son conjoint et du rôle par rapport à l'époux de son fils ou de sa fille: la belle-mère. L'ironie réside dans la traduction du mot «belle», qui signifie « beautiful » en anglais. Je ne me trouvais pas particuliè-rement « beautiful » ce jour-là, mais j'avais presque of-ficiellement soixante ans. J'étais la belle-mère des deux enfants adultes de Richard. Décidément, les femmes âgées ne sont pas très bien placées dans les contes de fées et il s'agissait bien d'un mariage de conte de fées. Quel que soit le rôle que je jouais dans l'histoire, le fait est que j'avais oublié de remplacer mes lunettes de soleil par des lunettes transparentes. Je ne voulais pas d'une version floue de cet événement majeur de ma vie et mes lunettes de soleil avaient deux fonctions : voir et nuancer. Mon ex et moi avons accompagné notre fils jusqu'à la Chuppah et je portais, donc, des lunettes de soleil.

Je ne me souviens pas de ce qui a été dit, mais tout avait un sens : une tente aux côtés ouverts, un contrat de mariage, des anneaux échangés, un verre brisé, des cris de joie, un violoniste et une danse en cercle. C'était une chanson d'été, un poème en dentelle blanche. Et toutes les personnes qui comptaient pour moi étaient là pour les partager. Je me suis sentie bénie.

LA FÊTE

La cérémonie religieuse terminée, les convives se sont dirigés vers le lieu du cocktail. Le violoniste a continué à jouer pendant que les invités se mélangeaient en prenant l'apéritif et en grignotant les délices d'avant-dîner. Les photos ont été prises sur la pelouse avant que le soleil ne soit trop bas pour être utile et avant que nous ne soyons rassemblés dans la grange transformée pour la réception de mariage. Mon ex était à une table avec toute sa famille et j'étais à une autre table avec toute ma famille. J'ai présenté mon frère et sa femme à mon ex-belle-famille et Maman a bavardé avec eux comme si je n'avais jamais quitté leur famille. Nous avons repris la conversation quasiment où nous nous étions arrêtés une vingtaine d'années plus tôt avec l'une de mes anciennes belles-sœurs et son mari allemand. L'orchestre a entamé le premier morceau. Les mariés sont entrés en scène sous une fanfare d'applaudissements et de serviettes blanches tourbillonnantes. Tous ces mois d'effervescence autour de l'organisation avaient porté leurs fruits. Ils ont apprécié leur propre fête ! Les voir s'amuser a permis à tous les invités de se lâcher.

Et c'est ce que nous avons fait ! Nous avons battu le sol sur «Hava Nagila» formant un cercle qui tournait dangereusement de plus en plus vite, expulsant les faibles et tenant les mieux portants dans une étreinte serrée. Nous avons tourné autour des mariés, hissés au-dessus de nos têtes sur des chaises fermement tenues par leurs amis. La femme de mon fils était petite, mais lui avait la carrure d'un attaquant de rugby. J'ai regardé leurs amis les faire rebondir tous les deux et j'ai murmuré une courte prière pour un atterrissage en douceur ou la disponibilité d'un bon service médical. Et puis j'ai eu mon tour là-haut. On s'adapte, on s'adapte ! Je ne sais pas qui étaient les plus fous : les gars qui me ballottaient ou bien moi qui essayais d'imiter le couple et ses parents en levant un bras au-dessus de ma tête pendant qu'on me faisait rebondir. Le champagne aidait ! Je transpirais à grosses gouttes. J'avais brillamment choisi la tenue Punjabi pour danser et lancer des chaises. Je me suis demandé si Christophe avait choisi ses garçons d'honneur en fonction de leurs capacités athlétiques. À un moment donné, au cœur de la nuit, l'un d'entre eux s'est jeté par terre au milieu de la piste de danse, un autre a sauté par-dessus lui et s'est allongé à ses côtés, puis un autre, et encore un autre, jusqu'à ce qu'il n'y ait plus de garçons d'honneur à enjamber. Puis ce fut «open bar». Ils étaient six sur la piste, face vers le plafond, avec une musique endiablée et la foule rassemblée autour d'eux, criant des encouragements. J'ai vu Richie, le futur gendre de Ross, sauter dans la mêlée et s'élancer par-dessus les six garçons, pour se jeter sur le sol, ce qui faisait sept d'affilée. C'était le tour de Christophe - rite de passage en tant que marié ? Je ne savais plus ce qui relevait d'un rituel de mariage juif et ce qui relevait d'une version vingt-et-unième siècle d'une bande de gaillards se provoquant en duel...

Il y a eu la fontaine de chocolat, tant attendue, et la montagne de macarons. Il y a aussi eu un poème d'amour doucement chanté en hébreu sur la nuit et les roses. Il y a eu des discours qui ont taquiné et loué, des vidéos qui ont révélé et honoré l'amitié et de la musique et de la danse - et encore de la danse - et toujours de la danse.

Le lendemain matin, mon corps m'annonçait qu'il avait parcouru la nuit précédente la partie montagneuse du Tour de France et qu'il ne voulait pas se remettre en selle avant quelques jours. Lorsque les autres membres de la famille ont émergé en fin de matinée, ils avaient l'air d'avoir fait partie de la même équipe cycliste que moi. Nous sommes retournés sur le lieu de l'événement pour un « after », qui consistait principalement à partager un brunch avec des invités aux yeux cernés. Cela ressemblait bien à lundi matin, sauf que personne n'allait travailler.

Ce lundi après-midi a disparu des mémoires, tout comme le reste de la semaine. L'été 2012 s'est poursuivi. J'ai baigné dans la joie et le bonheur qui m'avaient été accordés. J'ai dit au revoir à mon frère et à sa femme, à ma sœur et à son mari, à ma mère.

Ainsi va la vie.

Questions

Pouvez-vous identifier des schémas qui se reproduisent
dans votre famille d'origine ?

Y a-t-il quelque chose qui semble se répéter dans votre système familial actuel ? Quel impact cela a-t-il, le cas échéant, sur votre propre vie ?

Quels sont les membres de votre famille avec lesquels vous avez le plus d'affinités ? Pourquoi ?

Quels sont les membres de votre famille avec lesquels vous ne vous entendez pas ? Pourquoi pas ?

Quel est le Noël dont vous vous souvenez le plus ?

Qu'est-ce qui le rend mémorable ?

Où étiez-vous au début du siècle ? Avec qui étiez-vous ?

Quels sont vos souvenirs de l'événement ?

Sur une échelle de 1 à 10,
A combien évalueriez-vous votre degré
d'ouverture aux autres cultures et religions ?

Quel est l'anniversaire ou le mariage dont vous
vous souvenez avec
un grand bonheur ?

Avec un regret ou une tristesse intense ?

La fête est finie

LE 20 SEPTEMBRE

Ross essaie de me joindre sur WhatsApp. Je vois que c'est lui, mais je travaille en ligne, je fais du coaching avec un groupe. Je lui envoie un message rapide : «Frérot, j'anime aujourd'hui et demain - j'essaierai de t'appeler pendant la semaine - tôt le matin ou le soir pour moi – Bisous».

«OK, j'ai besoin de 5 minutes de ton temps – c'est à mon sujet. Je t'envoie un message et on en discute après»?

«Je peux t'appeler juste après 13h, mon heure, et 23h, heure chez toi», je lui réponds immédiatement.

« Envoie-moi tes questions et un chouia de contexte ».

«C'est à propos de ma santé. Tu m'appelles après 23 heures ?»

Il signe les messages qu'il m'envoie par des XX. J'envoie des smileys avec des cœurs.

«D'accord, frérot, à tout à l'heure».

Je l'appelle pendant la pause et il me donne de ses nouvelles. Ses mots me font l'effet d'une bombe.

«Te souviens-tu de cette masse que je me suis fait enlever dans le dos il y a treize ans ?»

«Oui, je m'en souviens. C'était une de ces choses suspectes qui ne se comportait pas comme une cellule saine est censée le faire.»

«J'ai fait un examen de l'intestin il y a quelque temps et il s'est avéré positif. J'ai eu quelques douleurs dans différentes parties de mon corps et le médecin m'a fait passer des radiographies et un scanner.»

Je retiens ma respiration. Je ressens une tension comme un éclair au niveau de la nuque.

«J'ai des cancers secondaires dans différentes parties de mon corps. J'ai encore quelques tests à faire pour localiser la source primaire. Nous commençons par une biopsie du foie. Quoi qu'il en soit, la chirurgie n'est pas envisageable, mais la chimio, la radiothérapie et les médicaments sont tous à l'ordre du jour. Donc, tout va bien !»

Il a repris son ancien rôle d'animateur radio. Il annonce la météo locale. Il ne pleuvra pas demain. Donc tout va bien.

«Quoi qu'il en soit, comment vas-tu, Frangine ?»

«Très bien, très bien.»

Je viens de perdre mes deux jambes dans l'explosion, mais je vais bien. Je n'ai plus le temps de discuter. Je dois être de retour en ligne avec mon groupe dans trois minutes. Je lui dis que je l'appellerai dès que possible.

«C'est un plaisir de te parler, Frangine».

Nous raccrochons.

Quasi immédiatement, j'envoie le groupe dans des salles de réunion. Je coupe le micro et la caméra et lance une recherche sur Google. Je consulte les questions les plus fréquemment posées sur le cancer. Je découvre des choses sur les tumeurs primaires et secondaires que je préférais ne pas savoir. Il y a de fortes chances que mon frère bien-aimé soit, sauf miracle, un homme condamné.

Face au choc de la nouvelle, je lui envoie un bref message destiné à apporter un peu de légèreté et d'humour.

«Pas de demi-mesure avec toi, Frangin ! Je te dirais bien de t'arracher les cheveux et de crier, mais je viens de me souvenir que tu n'en as plus ! En avant toute, mon frère, je te soutiens jusqu'au bout !»

Il sait qu'il a mon amour et mon soutien, même à plus de 19 000 kilomètres à vol d'oiseau qui me séparent de lui.

«N'hésite pas à m'appeler !

«Merci Frangine, tu es une femme forte. J'ai parlé à Maman. Je ne sais pas comment elle l'a pris. Je pense qu'elle confond le secondaire et le primaire. Je suis à Wanaka ce week-end, alors je me suis arrangé pour la voir vers 13h30 dimanche. Je me sens bien aujourd'hui».

Je n'ai pas l'impression d'être une «femme forte». Entre agacement et impuissance, je les accuse tous les deux de fuir la réalité. *Pourquoi sa mère, notre mère, ne sait-elle pas ce qui est primaire et ce qui est secondaire ?* Je veux qu'elle soit une femme forte a! Je veux qu'elle le rassure, qu'elle lui dise que tout ira bien. Je veux un miracle ! Mon rêve de «familles heureuses» remonte à la surface et se frotte à moi comme du sable mouillé dans un maillot de bain sec.

Je me souviens, il y a quelques années, alors que je me promenais avec ma mère sur la plage de South Brighton, elle a commencé à me parler des défauts de mon père. Elle l'avait peut-être déjà fait à maintes reprises, mais j'avais toujours accepté de le voir à travers ses yeux. J'étais d'accord avec elle, sans le dire, que papa était un type plutôt négatif. Il disait «non» avant de dire «oui» à toute suggestion venant d'elle. Une dispute s'ensuivait, et je me sentais impuissante entre eux - bien que mon aide n'ait jamais été demandée ou souhaitée.

Cette fois, cependant, et après quelques années de thérapie, je l'ai repoussée.

«C'est ton mari, mais c'est mon père. Ce n'est pas la même chose. Nous ne le voyons pas de la même façon.»

Mon ton était grincheux. Je voulais me réapproprier l'homme qui me faisait tenir en équilibre, en amazone, sur la barre de son vélo pour aller à Brighton Beach avant qu'il ne possède une voiture. L'homme qui m'emmenait dans les vagues avec mon maillot de bain en stretch rouge et qui creusait des trous dans le sable avec moi. L'homme qui me construisait une maison de poupées sur la pelouse derrière la maison. Il ne m'a jamais dit grand-chose dont je me souvienne, mais j'aimais bien m'amuser dans le jardin avec lui. Nous vivions dans une maison froide et taiseuse. En repensant à l'enfant que j'étais, je vois quelqu'un qui a grandi entre un très bel homme et une belle femme pleine de vie, aucun des deux ne se parlant lorsqu'elle était là. «Les enfants doivent être vus et non entendus» était un adage souvent cité à table par son père. L'enfant que j'étais le croyait. À la plage, ballottés par la mer et roulés dans le sable, les mots étaient superflus, le bonheur facile. Mes parents formaient un couple éblouissant en compagnie des autres. Ils attiraient les rires et les danses. La petite fille dont je me souviens faisait tout ce qu'elle pouvait pour briller dans les yeux de sa mère, mais il était impossible de remplacer quelque chose que sa mère avait perdu et dont elle ne pouvait pas parler.

Nous allions souvent fêt chez ma grand-mère, Nana, pour le thé du samedi soir ou le déjeuner du dimanche.

C'était une maison chaleureuse et bruyante. Maman, Papa, ma sœur et moi l'adorions.

Elle disait des choses du genre : «La Reine est une dame charmante, mais je ne voudrais pas de son travail». Elle était mariée à un homme appelé Bas, qui m'emmenait avec lui faire sa tournée de livraison de lait quand j'étais petite. Je montais à ses côtés dans une camionnette à porte coulissante et j'attendais sur la banquette pendant qu'il livrait le lait dans des bouteilles en verre de quatre ou cinq pintes à la porte de toutes les maisons situées sur sa route. Parfois, il me laissait porter les bouteilles vides jusqu'à sa camionnette, où je les mettais dans des caisses sur le plancher à l'arrière. Les bouteilles étaient grandes dans mes petites mains, mais je n'en ai jamais laissé tomber une seule. Je me sentais importante et fière de mon aide. Il peignait des maisons et travaillait aussi dans une boulangerie, mais je ne l'ai jamais aidé pour aucun de ces travaux.

Nana faisait des gâteaux aux fruits et préparait des tasses de thé au lait sucré lorsque nous allions chez eux. Parfois, Maman, Papa, Nana et Bas s'asseyaient autour d'une table pliante carrée recouverte de feutre vert et jouaient aux cartes. Les dimanches après-midi d'hiver ou les samedis soir froids, le feu grondait dans l'âtre. Papa et Nana échangeaient des histoires et mangeaient des gâteaux. Maman partageait les blagues, mais pas le sucre.

Maman a grandi sans père. Il est mort d'un cancer du poumon alors qu'elle n'avait que 18 mois. Elle n'aimait pas son beau-père, Bas, qui lui avait été présenté le jour où sa mère l'avait épousé. Elle avait alors douze ans. La douleur et la déception qu'elle avait ressenties lorsque sa mère avait introduit un étranger dans la maison étaient enfouies dans sa chair. Le moratoire de quarante-trois ans qu'elle et mon père ont imposé en refusant toute référence à leur fils a poussé la honte et la colère dans ce même puits de solitude. Elles resteraient allongées côte à côte, abandonnées, jusqu'à la fin de sa vie.

Bien des années plus tard, lorsque nous avons eu cette conversation en marchant le long de South Brighton Beach, je ne lui reprochais pas d'avoir critiqué son mari. Je voulais simplement que mon père reste tel que je le voyais et non tel qu'il apparaissait au travers de sa douleur. Les mots «C'est ton mari, mais c'est mon père» étaient vrais, mais le ton de ma voix trahissait une forme d'accusation. Les mots jugeaient comme seul un enfant peut juger un parent lorsqu'il perçoit ses défaillances. Elle n'a rien dit de plus. Ce qu'elle a ressenti a été enseveli dans le cimetière, loin sous la surface, pour reposer à côté de toutes ses autres blessures.

Ainsi, lorsque Ross l'a appelée pour lui annoncer

que des cancers primaires et secondaires avaient été localisés dans différentes parties de son corps, elle était programmée pour qu'aucun mot pouvant exprimer les sentiments qu'elle aurait pu ressentir ne soit accessible. Elle était, en effet, désorientée.

Mon frère a hérité de sa capacité à bloquer les émotions désagréables et, vu de l'extérieur, leur capacité commune à se concentrer sur le «positif» est leur «talent» commun.

Il y a quelque chose de terriblement indéniable dans le pouvoir qu'a une tomographie informatisée de vous montrer ce qui est. Comment pouvez-vous regarder un scanner qui montre votre intérieur criblé de tumeurs cancéreuses et rester positif ? Mais lui, il y parvient ! Il est possible que, même s'il a la capacité étonnante de toujours voir le bon côté de la vie, son attitude super positive actuelle ressemble davantage à une réaction émotionnelle de phase deux face à une nouvelle bouleversante : le déni. La première phase est celle du choc et c'est là que je me trouve aujourd'hui.

Ce n'est pas le moment de lui donner une leçon sur les travaux de Kübler-Ross[5] ou de tenter un coaching non sollicité. Je veux le secouer pour qu'il sorte de son

---

[5]   Dans son livre "Sur le chagrin et le deuil », Elizabeth Kübler-Ross décrit les cinq étapes du deuil. Un modèle plus récent, « la courbe du changement » ajoute le « choc » comme première réaction à la perte.

attitude ultra-positive et que nous ayons une «vraie» conversation. Je ne sais pas ce qu'il pense ou ressent. Sait-il que les carottes sont cuites mais fait-il semblant que ce ne soit pas le cas ?

Peut-être que cette personne super positive est vraiment «lui» et que je n'arrive pas à y croire. Il n'a pas hérité de ce trait de caractère de son père biologique, alors d'où vient-il ? A-t-il été comme ça toute sa vie ? Comment le saurais-je ?

Je veux savoir pourquoi tout cela est arrivé. Les questions sans réponse envahissent mon esprit comme autant de châteaux de sable dressés sûrs d'eux-mêmes à marée basse. *Pourquoi toutes ces tumeurs ont-elles poussé comme des champignons dans le sol sombre et humide de ses entrailles ?* J'ai lu qu'il existait une corrélation entre la rage refoulée et l'apparition du cancer. Mon frère est-il en colère, silencieusement, sous son sourire radieux ? La tient-il à distance en se déplaçant constamment vers le prochain projet, la prochaine acquisition, le prochain problème à résoudre ? Si la colère est là, je pourrais en partager une partie, sous la forme d'une déception de voir que tant de temps s'est écoulé sans jamais avoir eu les conversations qui comptent - du moins, pour moi. Je veux savoir comment s'est passée son enfance en tant qu'enfant adopté, même s'il a été très aimé. *Comment a-t-il géré cette dette inconsciente ?*

Il m'a dit un jour qu'il avait été blessé lorsqu'une tante lui avait laissé une part inégale de son héritage parce qu'il n'était pas un véritable héritier car issu d'un sang «étranger». Je me souviens qu'il avait également dit, il y a des années, qu'il avait parfois souhaité que ses parents soient plus jeunes. Je ne lui ai pas dit que j'avais connu les nôtres, jeunes et beaux, mais avant qu'ils ne soient assez matures pour se pardonner l'un à l'autre.

Mes épaules s'affaissent et ma mâchoire se relâche, réalisant clairement que rien ne peut être différent de ce qui est. Voilà ce qu'est l'histoire. Je songe avec tristesse que même si j'étais là avec lui maintenant, je serais inutile en tant qu'aide-soignante. J'ai toujours évité la maladie comme la peste. Maman, Ross et moi étions très fiers de notre robuste santé. En fait, nous en faisions étalage. Ma mère, en particulier, prenait soin de son alimentation, faisait régulièrement de l'exercice et évitait les médicaments. Ross était accro au sucre, mais était aussi un maniaque de l'exercice. Il prenait du paracétamol pour tout ce qui concernait la douleur. Je les ai rejoints à mi-chemin sur ces trois manies.

Je ne partage pas beaucoup de ces pensées et certainement pas mes sentiments avec aucun des deux. Pas même lors de mon appel habituel du dimanche matin à Maman.

«Tu as des nouvelles de Ross ?»

«Oui, il va passer prendre un café dimanche prochain».

«Je suppose qu'il t'a appris la nouvelle ?» J'appréhende d'aborder le sujet sans savoir pourquoi. Peut-être ai-je peur du chagrin intense qui se cache dans l'ombre. Ou de la rage qui est le compagnon de jeu du chagrin.

«Oui, il a dit qu'il avait un cancer».

«Il m'a dit que tu étais un peu confuse entre ce qu'est une tumeur primaire et une secondaire. »

«Pas du tout ! J'ai aussi eu un cancer, tu sais. Je sais ce que c'est». Elle est catégorique et je ne pense pas pouvoir aller plus loin sans que l'un de mes «camarades de jeu» ne prenne le relais de la conversation, alors je change de sujet. C'est quelque chose que nous avons tous les trois en commun : la capacité à éviter le désagréable, l'ennuyeux, le dévastateur. Cela fait partie du syndrome de la «pensée positive» auquel nous adhérons religieusement - en public - et entre nous.

LE 22 SEPTEMBRE

Ross envoie la capture d'écran d'une application montrant prise et perte de poids. Elle montre une prise de poids.

«Et moi qui pensais que tu avais recours à un cancer

de stade quatre pour perdre du poids, mon frère. Que je suis bête !»

En dépit de cette légère augmentation, elle indique la quantité de poids qu'il a finalement perdue.

«Essaye de réduire ta consommation de sucre - c'est ce qu'il y a de moins douloureux»!

«J'aime ton approche, Frangine, mais c'est l'alcool qui va le faire pour moi».

J'espère qu'il veut dire qu'il a réduit - ou supprimé - l'alcool. Nous échangeons encore quelques messages stupides jusqu'à ce qu'il écrive : «Plus sérieusement, pour l'instant, je n'ai plus besoin d'une biopsie du foie et je passe directement au Keytruda [nouveau principe actif dans l'immunothérapie] par perfusion, toutes les trois semaines environ. Le polype sous ma langue était un mélanome, d'où le changement d'approche. Mon mélanome d'il y a 13 ans était la source primaire. Donc traitement oncologique à suivre. »

J'ai lu plusieurs fois les dernières lignes, tout d'abord incrédule qu'il ait besoin de s'excuser d'avoir été « sérieux pendant un moment ». Je me souviens d'une des blagues qui circulaient dans le cyberespace lors du confinement de 2020 : «La vie est trop sérieuse pour être prise au sérieux». Je reconnais alors que Ross et moi avons un accord tacite sur le fait qu'il vaut mieux plaisanter. Nous sommes loyaux envers nos proches et notre héritage colonial britannique lorsque nous taisons notre douleur.

Le fait de penser à son rapport au poids me ramène à l'époque où nous suivions tous les deux des régimes. Nous nous encouragions mutuellement en vérifiant notre poids chaque semaine. Je consignais religieusement mes résultats dans un petit livre vert. Nous incarnions sa devise «Set the goal – Get the goal ! (Fixer l'objectif – Atteindre l'objectif) ». Nous avons continué la compétition pendant trois mois et, à la fin, j'avais perdu deux tailles de jean et lui, dix kilos. C'était amusant et facile. J'ai débarqué en Nouvelle-Zélande pour Noël cette année-là, très svelte. Même ma mère a dit que mon nouveau poids me seyait. Elle détestait les fortes ossatures, les gros culs et les carrures des femmes de la famille de Papa. Elle aimait la minceur de mes jeunes années. J'étais svelte, gracieuse, athlétique et les vêtements se mettaient naturellement en place sur mon corps. En me regardant ce Noël-là, elle a vu un moi qui appartenait à son côté de la famille et cela lui a plu. Si ses compliments récompensaient mes efforts, ils n'auguraient rien de bon quant à ma cote de popularité future, à mesure que mon corps continuait à vieillir. Mais à l'époque, je me contentais d'apprécier la façon dont j'apparaissais à ses yeux.

Mon frère avait-il, inconsciemment, cherché

l'approbation dans ses yeux aussi ? Je ne le sais pas et ce n'est pas une question que je pourrai lui poser maintenant.

LE 24 SEPTEMBRE

Je tape « traitement Keytruda » sur Google et trouve un document PDF à lui envoyer, expliquant comment suivre les symptômes du cancer. Je veux me sentir utile et j'ignore la probabilité qu'il ait déjà fait ses propres recherches.

« Ce document pourrait alimenter ta conversation avec l'oncologue. Le traitement au Keytruda coûte une fortune ! Je ne serais pas opposée à l'idée de me faire un peu de ce pognon magnifique !!! J'espère que tu as une bonne police d'assurance, Frangin !»

Il me répond : «C'est maintenant gratuit en Nouvelle-Zélande». Il ne me parle pas d'assurance. «J'ai reçu aujourd'hui une lettre m'informant que je ne pourrai pas consulter un oncologue avant quatre à six semaines. C'est un comble ! Je vois mon médecin lundi. Je vais essayer de consulter un médecin privé - je te tiendrai au courant.»

Je ne donne délibérément pas suite à ma question à moitié sérieuse sur l'assurance, mais j'espère qu'il a une couverture complète.

Un deuxième message arrive sur note différente. «J'ai eu de bonnes nouvelles ce soir ! J'ai obtenu un accord entre le vendeur et l'acheteur sur le prix de la propriété que je vends à Ote. C'est donc une bonne fin de journée».

Il ne peut pas voir d'oncologue avant des semaines, mais le traitement est gratuit ! Il vient d'obtenir son diplôme d'agent immobilier en un temps record et vend une maison. Il est aux anges, mais il pourrait mourir avant que la vente ne soit conclue !

C'est absurde !

Son bateau a encore sa quille en place, mais le mien n'a plus de vent dans sa voile et risque de se renverser. Je ne reconnais pas le pays dans lequel j'ai grandi.

Le pays dans lequel j'ai grandi m'a permis de bénéficier d'une éducation universitaire et d'une bonne dentition - des choses que mes parents n'auraient pas pu se permettre avec leurs modestes revenus. Comme la plupart des étudiants, j'ai trouvé des boulots de vacances pour payer les livres et les frais de scolarité. L'enseignement supérieur subventionné donnait accès aux universités, à condition de réussir l'examen d'entrée. Dans la Nouvelle-Zélande d'alors, je n'ai jamais eu besoin de recourir à des prêts bancaires ni à des polices d'assurance pour pouvoir consulter un médecin ou un spécialiste. J'ai grandi dans un pays à la pensée sociale progressiste. La Nouvelle-Zélande a été le premier pays au monde à accorder le droit de vote aux femmes (en 1893 !). Il a été l'un des premiers à instaurer des pensions de vieillesse et des logements sociaux.

Le pays dans lequel je suis devenue une adulte m'a donné de belles dents et un diplôme universitaire, mais il n'a pas permis à mon frère d'obtenir un rendez-vous avec un oncologue, aujourd'hui. Je ne comprends pas et aucun membre de la famille à qui je parle ne peut l'expliquer non plus.

Cela fait seulement cinq jours que la nouvelle de son état de santé m'est tombée dessus avec toute la vitesse et la puissance d'une balle à effet. Je suis encore debout malgré sa force. Elle n'a pas voyagé au ralenti, tout comme ce fut le cas lors de cette nuit d'anniversaire, il y a vingt-sept ans. À l'époque, je lui disais bonjour et mon cœur avait la couleur et la chaleur d'un soleil d'été. Aujourd'hui, il semble que je doive lui dire au revoir et mon cœur ressent les tons gris et froids d'un hiver européen qui approche.

Je préférerais également vendre une maison plutôt que d'avoir l'impression que ma vie est sur le point de s'écrouler sous mes pieds. Il vaut mieux faire n'importe quoi plutôt que d'attendre de voir un oncologue qui pourrait vous sauver la vie, mais qui n'est pas disponible en ce moment pour le faire.

J'évite généralement les médecins. Ils me font peur. Cependant, ce qui lui arrive m'effraie suffisamment pour que je prenne rendez-vous avec un spécialiste de la peau.

J'ai consulté au moins six dermatologues depuis que j'ai décidé de vivre en France il y a plus de quarante ans. Je les ai tous détestés. C'étaient toutes des femmes et elles m'ont parlé avec mépris dans leur langage médical rigoureux. Ils m'ont tous fait me sentir gamine et bête et je me suis invariablement mise à bouder, refusant de manger mes légumes. Lorsque j'étais vraiment enfant, ma mère me réprimandait pour mon égoïsme. «Pense à tous les enfants qui meurent de faim en Inde et qui n'ont pas de légumes à manger. » Face à ces professionnelles qui parlaient une langue que je ne comprenais pas, je suis redevenue une enfant de cinq ans. J'avais envie de tirer la langue et de dire d'une voix malicieuse : «Alors, prenez-les et envoyez-les en Inde !

Assise en face d'une dermatologue, j'avais tendance à la regarder fixement, à parler peu et à attendre d'elle qu'elle devine le problème.

Lorsque je prends rendez-vous chez un septième dermatologue, je décide que, compte tenu des circonstances, je dois conserver mon âge de soixante-neuf ans et ma taille d'un mètre quatre-vingts, que ce soit assise ou prostrée sur la table d'examen.

Ma peau est couverte d'une masse de taches brunes de différentes tailles. Chacune de ces taches pourrait cacher un vilain secret. Je suis peut-être prédisposée au cancer. Le cancer est une affaire de famille. Ma grand-mère est morte d'un cancer de la peau. Il y a longtemps, j'ai subi l'ablation d'une tache solaire à l'intérieur de la cuisse, car on avait diagnostiqué des cellules qui se divisaient de manière non conventionnelle. Cette tache a été retirée du même endroit de la jambe que celui d'où était parti le cancer de Nana. Cette nouvelle m'a donné des papillons dans le ventre. En 2018, ma mère s'est vu retirer une tumeur cancéreuse de l'intestin. Contrairement à mon frère, de vingt ans son cadet, ça s'est passé comme une lettre à la poste, du médecin au chirurgien, de la table d'opération à la maison. *Pourquoi est-ce si différent avec Ross ? La maladie est-elle incurable ? Est-il déjà au-delà de tout espoir ? Pourquoi ne le savons-nous pas ? A-t-il des papillons et des tumeurs dans le ventre ? Comment sa femme réagit-elle ? Comment ses enfants prennent-ils en compte cette information ?* Je ne décroche pas le téléphone pour poser la question. Je veux continuer à nier ce qui se passe. Je m'inquiète, mais je ne peux pas partager. Cela rendrait les choses réelles.

Je me dis que ce n'est pas si grave, puisqu'il vend

une maison. J'ai implicitement accepté que cette «chose» peut être vaincue, à force de courage et de volonté. C'est une question d'attitude. Je veux qu'il vende encore beaucoup de maisons.

Et puis quelqu'un me rappelle l'adage «L'homme fait des plans et Dieu rit ».

Je ne veux pas qu'Elle se moque des projets de mon frère qui veut vendre des maisons et se déplacer. Je veux qu'Elle nous aide à jouer à «Faisons comme si...». Quelqu'un que j'aime est en train de mourir et je veux qu'Elle le sauve.

S'il vous plaît.

Pendant que Dieu rit, mon frère et moi convenons tacitement que tout va bien et que la situation s'améliore de minute en minute.

LE 25 SEPTEMBRE

Je lui envoie un prospectus sur un nouveau master en coaching que je vais organiser au Royaume-Uni. Nous sommes tous les deux des frimeurs et c'est ce que je fais en lui envoyant ce prospectus. Mais en réalité, je lui dis : «Parle-moi, mon frère, dis-moi ce que tu penses, dis-moi que tu es toujours là».

J'aimais discuter avec lui de certaines de mes préoccupations professionnelles. Son expérience des conseils d'administration était quelque chose que je n'avais pas et j'appréciais son opinion. Je n'ai jamais pensé à demander à mon père ce genre de choses ; je supposais simplement qu'il n'avait rien à dire. Avoir un frère qui aime être consulté et qui a beaucoup d'expérience et de connaissances à partager... cela fait vingt-sept ans que cela dure. Je ne veux pas que nos discussions s'arrêtent.

Il ne répond pas.

Lorsque mon père était mourant en 2010 et avant que nous puissions prononcer ce mot à haute voix, ma mère m'a appelée à Paris un mercredi de mars.

«Ton père est à l'hôpital.

« C'est la fin ? «

«Je pense que oui».

L'agence de Singapore Airlines a reconnu l'urgence et m'a trouvé un vol pour le lendemain, mais n'a pas pu me réserver un vol retour pour le dimanche onze jours plus tard. J'ai accepté de revenir la veille.

Je me trouvais dans une file d'attente à Charles de Gaulle, attendant de me faire enregistrer. Un vendeur se déplaçait dans la file d'attente pour vérifier que tout allait bien pour ses passagers de la classe affaires. Une telle sollicitude était inattendue, mais agréable. Lorsqu'il est arrivé à ma hauteur, je l'ai regardé et lui ai demandé sans grand espoir. «Je suppose que vous ne pourriez pas changer mon retour du samedi au dimanche, par hasard ?»

J'ai retenu mon souffle lorsqu'il a interrompu au comptoir sa collègue, penchée sur son ordinateur. Il est revenu avec un sourire et un billet de retour pour le dimanche.

Dieu a peut-être ri, mais Elle a aussi planifié !

J'ai atterri à Christchurch à dix heures le samedi matin, après deux longs vols jusqu'à l'autre bout du monde.

Le mardi, mon père a été transféré de son lit dans un hôpital public de Christchurch à une chambre dans un centre de soins palliatifs. Savait-il qu'il était en train de mourir ? Savions-nous qu'il était en train de mourir ? Il semblait y avoir un accord tacite entre Maman, Papa, ma sœur et moi-même pour savoir, sans jamais l'affirmer, que oui, il était en train de mourir.

Le temps la dernière semaine de mars a été marqué par une palette de bleus automnaux : bleu vif le matin, bleu pervenche l'après-midi et bleu nuit le soir. Nous nous sommes promenées sur les plages le matin, avons visité les soins palliatifs l'après-midi et avons joué au Scrabble le soir.

Le centre servait également de foyer pour des patients atteints de démence. Chaque fois que j'entrais, je les voyais dans le salon, assis en cercle dans des fauteuils confortables. Je devais passer devant eux pour atteindre le couloir qui menait à la chambre privée de mon père. J'ai fait semblant de sourire et j'ai salué tout en passant rapidement devant eux. Je ne voulais pas m'attarder en compagnie de leurs visages vides et asymétriques, de leurs corps flasques. J'avais l'impression d'entrer dans l'hôtel California[6], de voir des gens qui étaient sur le départ mais devaient attendre longtemps avant de partir. Cette pensée me « tordait les tripes ». C'était un soulagement d'arriver dans la chambre de Papa, de passer du temps avec lui avant qu'il ne s'en aille.

Une chose étrange s'est produite le mardi de cette semaine-là. C'était le jour où Papa avait été transféré de l'hôpital public aux soins palliatifs et ce n'était pas la première fois qu'il m'arrivait pareille mésaventure. Toute ma jambe droite s'était bloquée un matin lors de mon pèlerinage au tombeau de Saint Jacques de Compostelle en Espagne. Cette fois, c'était juste la cheville droite qui refusait de bouger, transformant ma démarche habituellement tonique en un boitillement hésitant. Je m'étais assise dans un fauteuil de la «nouvelle» chambre de Papa pour admirer ce que Maxine

---

[6]   Métaphore issue de la chanson éponyme du groupe New Eagles traduisant le sentiment d'être piégé dans une situation ou un style de vie auquel on ne peut échapper.

avait fait pour rendre la pièce plus accueillante : des tableaux au mur et des photos sur la table de chevet. J'avais bavardé de tout et de rien avec Papa et, au moment de partir, je me suis redressée pour m'effondrer dans le fauteuil avec un cri de douleur. Il n'y avait pas d'explication logique au blocage de mes articulations et je n'avais pas l'intention de perdre un temps précieux à consulter quelqu'un à ce sujet ; j'ai donc accepté «le message» de changer de rythme pendant une semaine.

Si le temps représentait une palette de bleus, mes humeurs, quant à elles, étaient plutôt dans une palette de rouges. Ma mère commença à débarrasser la maison de la présence de Papa. Elle vida les vêtements de Papa dans des sacs en plastique et empila les outils de son garage dans des boîtes en carton. C'était sa façon de faire face à sa disparition imminente, mais j'ai viré au rouge écarlate en la regardant faire. Les mots s'agitaient et bouillonnaient en moi comme des vête-ments dans une machine à laver. Il fallait les passer à l'essoreuse pour en expulser l'excès de venin avant de pouvoir les étendre à l'extérieur.

«Bon Dieu ! Il n'est pas encore mort !» Avais-je envie de lui hurler au visage, mais j'ai préféré lui tourner le dos et sortir dans le jardin jusqu'à ce que mon humeur se refroidisse jusqu'à devenir couleur pastèque.

Le vendredi, une infirmière est venue nous dire

qu'on allait mettre Papa sous pompe à morphine cette nuit-là. Elle nous a prévenus que nous ne pourrions plus communiquer avec lui. Je ne comprenais pas vraiment alors que c'était ainsi que le corps médical traitait, aussi gentiment que possible, un patient âgé dont l'heure était venue. Il était sur le point de pénétrer dans un monde dont il ne reviendrait pas et il était temps de lui faire nos adieux. Pour autant, il n'était pas possible de prédire combien de temps il s'accrocherait à la vie et le personnel médical ne proposait pas de hâter sa décision. Ou bien Dieu était-Elle encore une fois impliquée ?

Le lendemain matin, en me rendant seule aux soins palliatifs, j'ai parlé haut et fort à Dieu pour que ce soit aussi clair que de l'eau de roche. «Je pars demain. S'il te plaît, viens le chercher avant que je m'en aille !» C'était plus un ordre qu'une supplique, mais j'avais une foi absolue dans les oreilles qui m'entendraient. La certitude résonnait dans chaque cellule de mon corps.

Son lit avait été tourné vers la fenêtre deux jours auparavant. Cela reflétait une expérience psychique que j'avais eue lors d'un exercice facilité par une amie à Paris, juste une semaine avant l'appel de ma mère et mon retour à la maison. Dans cette expérience, j'avais eu du mal à savoir si j'avais le pouvoir d'ouvrir à la fois la fenêtre réelle et la fenêtre symbolique.

Je n'étais pas plus avancée lorsque je me suis

assise à côté de son lit ce samedi matin-là.

J'ai parlé avec une lucidité tranquille, comme si je savais de quoi je parlais. «Nous sommes là. Nous t'aimons. Je t'aime. Personne ne peut passer la porte avec toi. Tu dois le faire seul, Papa. Et tu pourras y aller quand cela te semblera le plus juste. Saches que je pars demain à midi». J'ai dit cela doucement, avec une grande clarté d'esprit - comme s'il ne pouvait y avoir aucun doute quant à la véracité de mes paroles.

Je venais à peine de me coucher ce soir-là quand j'ai entendu le téléphone sonner un peu après dix heures. J'ai ressenti un curieux mélange d'excitation et de soulagement en m'habillant à la hâte. Il était parti avant moi. Je me suis sentie bénie et impatiente de retourner aux soins palliatifs aussi vite que possible.

Toutes les trois, à tour de rôle, nous nous sommes assises seules avec lui dans sa chambre. La fenêtre, que je n'avais pas ouverte, était légèrement entrouverte. L'air de la pièce était chargé du parfum piquant d'un automne précoce. Sa présence était encore tangible, mais elle n'était plus confinée dans son corps. J'ai vécu ce moment comme si le Divin envoyait sa grande main bienveillante vers ceux d'entre nous qui restaient de ce côté-ci de la porte.

Et je suis quand même partie plus tard dans la matinée, comme prévu. J'étais reconnaissante d'avoir un siège isolé avec un hublot « privé » pour pouvoir pleurer tranquillement pendant que l'avion roulait lentement sur la piste. Lorsque les moteurs se sont mis à tourner à plein régime pour le décollage, j'ai laissé libre cours à mes sanglots angoissés. À travers ma vision brouillée, j'ai vu le pays des moutons et des champs ; des rivières et des terres agricoles se réduisant rapidement alors que les Alpes du Sud se profilaient à l'horizon dans une dignité majestueuse. Il ne faut pas plus de vingt minutes d'un vol d'est en ouest pour être arraché à ses racines et être avalé par le ciel et la mer de Tasmanie. Lorsque ma main s'est stabilisée et que je n'ai plus vu la terre, j'ai commencé la dernière du peu de lettres que j'ai écrites à mon père au cours de sa vie. Je l'enverrais par courrier électronique depuis Singapour et mon frère la lirait lors de ses funérailles quelques jours plus tard.

Lorsque Ross mourra, je sais que je ne serai pas non plus présente à ses funérailles. Je n'ai même pas de billet d'avion cette fois-ci. Même si j'arrivais à la frontière, on me refuserait l'entrée. Le pays est fermé. Verrouillé.

Mon chagrin attend dans les coulisses répétant son texte. L'autre partie de moi, cependant, continue d'envoyer des messages via WhatsApp. Ross complète la brièveté de ses réponses par des photos ou des vidéos de la vie quotidienne avec amis et famille. Sa femme Petrea alimente le blog qu'ils ont créé pour leurs nombreux amis et collègues avec des nouvelles de sa santé.

OCTOBRE

Pendant les deux premières semaines du mois, nous continuons à faire comme si de rien n'était. Lorsque nous échangeons des photos de nos petits-enfants respectifs, nous plaisantons sur la rapidité avec laquelle ils grandissent et sur le fait que le temps nous échappe.

Non, pas s'échapper, juste s'épuiser. Pas besoin de le dire.

Il me dit dans un message à quel point il est impressionné par le fait que ses amis sont venus chez lui et ont tondu la pelouse. Je vois son smiley « Waouh » et je me rends compte que c'est quelque chose de nouveau pour lui. Il a l'habitude d'être celui qui aide. Le vieux dicton «on récolte ce que l'on sème» ne signifie pas quelque chose de négatif dans ce cas, mais plutôt un cercle vertueux donner-recevoir. Je suis trop heureuse qu'il soit aussi content.

Il mentionne également qu'il attend toujours des nouvelles d'un oncologue. «La patience n'est pas mon fort», s'exclame-t-il.

Je lui réponds tout de go «Sans déconner, ça doit être un trait de famille».

Il m'envoie la vidéo d'un reportage télévisé sur les incendies dévastateurs d'Ohau l'année précédente. Il veut que je le voie à la télé, dans son rôle de conseiller municipal nouvellement élu, représentant le maire du district de Waitaki. Il est fier de la façon dont il était là, sur place, dans la minute, gérant la situation avec aplomb et vigilance. Je le vois dans sa pleine autorité, faisant ce qu'il fait le mieux : occuper légitimement le terrain.

«Comment ça va, Frangin ?»

«Plutôt bien en fait, j'ai mal au dos mais je m'en sors avec du Paracétamol», répond-il.

Il en écrit davantage, mais il y a beaucoup de fautes de frappe. Il s'en rend compte et envoie un deuxième message.

«Bon Dieu ! ! Toutes mes excuses pour mon texte ci-dessus − et l'orthographe défaillante que je n'ai pas vérifiée.»

Je considère cela comme un bon signe, même si je suppose que la tumeur qui se développe dans son cerveau est, en fait, le coupable le plus probable.

Nous sommes encore en octobre lorsqu'il répond à l'une de mes enquêtes régulières sur son état de santé.

«Bonjour Frangine, en fait, tout va bien. Il se peut

que je consulte un autre oncologue plus tôt que prévu, mais j'attends de savoir ce qu'il en est. J'essaie d'abord d'avoir une consultation privée avant d'aller voir l'oncologue du service public. Je prends du Paracétamol et du Tramadol pour soulager la douleur. Je gère bien la douleur. J'ai subi d'autres tests sanguins, mais je n'ai pas encore reçu les résultats de l'analyse. Dans l'ensemble, tout va bien. J'ai perdu un peu plus de poids et j'avoisine les 96,2 kg. Je pesais 100,2 kg le 6 septembre, j'ai donc perdu 4 kg. Je suis très fort mentalement et physiquement, ça va - j'ai juste du mal à me pencher et à soulever des objets, alors je demande de l'aide. J'ai vendu une autre maison».

«Hé, tu deviens bon dans ce domaine ! La vente de maisons, je veux dire, pas les analgésiques !»

J'obtiens des LOL en retour et une mise à jour sur son absence de traitement.

«J'ai eu un bon rendez-vous téléphonique ce matin avec le service d'oncologie de l'hôpital public. Après mon rendez-vous du lundi 25 octobre, ils prépareront un traitement qui sera envoyé directement à l'hôpital. Ainsi, je n'aurai pas à consulter un autre oncologue. Oui, c'est vrai ! Ils m'ont dit que j'avais raccourci le délai de 2 à 4 semaines. J'en suis donc très heureux».

Je ne lui rappelle pas qu'il a fallu cinq semaines pour qu'il puisse ne serait-ce que parler à un oncologue.

Il a enfin un plan d'action concret et cela le soulage.

Je tente de faire preuve d'optimisme : «C'est bien pour toi, mon frère.»

Peu après cet échange, j'envoie un message pour lui demander si je peux l'appeler. J'aimerais simplement entendre sa voix et, comme je prends quelques jours de repos loin de Paris, j'ai des horaires flexibles.

Il répond immédiatement en disant qu'il aimerait bien aussi, mais qu'il est sur le point d'entrer en réunion et que je pourrai l'appeler avant ou après. Il joint un tableau de poids avec le commentaire «perte rapide sur un mois».

Il reçoit en retour l'une de mes observations les plus fines : «Oui, et je parie que ce n'est pas dû au fait de manger de la laitue tous les jours !»

Ses LOL reviennent avec «Tente de me stabiliser dans les 93 kg».

LE 16 OCTOBRE

Il écrit qu'il est sur le point de rentrer en voiture d'une fête à Oamaru. Son message est bref et pas totalement compréhensible. Les abréviations ne sont pas tout à fait reconnaissables, même en parlant le langage SMS.

Il est sur le point de conduire une voiture pour rentrer chez lui !!! Il n'y a qu'une heure de route entre

Oamaru et Ote, où il habite, mais tout de même....

Je ne sais que penser. Cela fait moins d'un mois qu'il m'a annoncé qu'il avait un cancer de stade quatre, qu'il n'a toujours pas vu d'oncologue, qu'il traite la douleur avec du Paracétamol. S'il se déplace en voiture dans la campagne et se rend à des réunions et à des fêtes, c'est peut-être qu'il existe différents degrés de cancer de stade quatre. Peut-être s'agit-il d'une version légère – du genre dérangeante - qui ne disparaît jamais mais reste là comme nuisance. C'est ce que je veux croire.

Deux jours plus tard, sa femme envoie une photo de lui en robe de chambre, assis à côté du spa. Il a perdu beaucoup de poids et son sourire est forcé. Ce n'est pas le frère rayonnant d'énergie qui irradie tout espace dans lequel il pénètre. Il est assis là à regarder l'appareil photo. Sa photo met fin à la pensée magique.

LE 25 OCTOBRE

Petrea le conduit à l'hôpital public de Dunedin où ils retrouvent James, son fils de quarante et un ans venu d'Invercargill. Ils ont une consultation avec un spécialiste. C'est la fête du travail en Nouvelle-Zélande et PERSONNE ne travaille ce jour-là. Je me rends compte de ce que cette visite doit coûter. Il ne me parle pas de l'issue du déplacement. Je ne consulte pas le blog.

C'est efficace, mais pas pour moi. Je n'ai pas encore, comme lui, adopté les médias sociaux et j'excuse ma carence en me disant que je ne veux pas partager la disparition de mon frère dans le domaine public.

LE 30 OCTOBRE

«Salut Frangine ! Je suis sur le point de devenir membre d'un nouveau conseil d'administration, celui de Well South, dans quelques semaines. Je suis très enthousiaste ! Cela signifie que je ne me présenterai pas au Conseil municipal en octobre de l'année prochaine».

Il semble plein d'entrain, presque exubérant.

Je réponds immédiatement : « Bravo ! ». Mon frère, qui est plus que probablement en train de mourir, vient d'être nommé au conseil d'administration d'une société appelée «Well South» (La Santé du Sud). Voulant répondre à son enthousiasme, mais aussi à l'ironie du nom de la société, j'ajoute : «L'univers rit avec toi. Tout cela fait partie de la stratégie de la « pensée positive » qui ne te décevra pas - j'adore ça ! »

Et comme il faut toujours qu'il ait le dernier mot, il revient avec «Je vais dormir maintenant».

J'espère qu'il dort, lui - pendant que Dieu rigole.

Dieu doit être le Joker de l'Univers qui veut nous faire sentir la légèreté d'être dans la gravité de notre existence. Mon frère va nous quitter alors que tout l'invite à rester plus longtemps : plus de conseils d'administration auxquels appartenir, plus de propriétés à vendre, plus d'activités communautaires à entreprendre en tant que conseiller municipal. Plus de familles, d'amis et de collègues à divertir avec son sourire plus grand que nature.

LE 8 NOVEMBRE

«Salut Frangin ! J'ai décidé de t'écrire plutôt que d'essayer de t'appeler à nouveau. Je comprends que le peu d'énergie dont tu disposes en ce moment est mobilisé pour traverser chaque journée telle qu'elle se présente. Je comprends que tu maintiennes une approche « business comme toujours » pour chaque jour, mais même pour faire cela, tu as besoin d'un grand temps de récupération. Je ne veux pas en rajouter en t'obligeant à me parler. Je sais que tu ne vas pas bien du tout mais qu'il est important pour toi d'avancer, de «faire avec». Je suis d'accord avec la stratégie, Frangin. Je veux juste te dire que je t'aime - que tu as été le plus beau cadeau de ma vie - que je suis là, même absente, pour parler mais, bien sûr, totalement inutile en tant que soignante. Dès que Jacinda[7] ouvre la boutique, je prends l'avion, mais elle n'est pas très enthousiaste pour l'instant. Tes enfants t'aiment. Petrea t'aime. Tes petits-enfants t'aiment. Tes deux sœurs t'aiment. Si Dieu le veut, tout ira bien – tu iras bien - tout est tel qu'il devrait être. Je t'aime tellement Frangin. Ta Frangine.»

«Bonjour Frangine, c'est très gentil, très attentionné et merci d'être là et de me soutenir. Je t'aime aussi tout plein.» Il termine par cinq baisers de plus que d'habitude.

Je me sens pressée par le temps. Je dois dire les choses que je veux absolument qu'il entende avant qu'il ne soit trop tard. Je sens venir la perte et je suis loin, malheureuse et impuissante.

LE 12 NOVEMBRE

Nous partageons ce qui s'avéra être notre dernier échange de textos.

«Passe une bonne journée aujourd'hui, Frangin. Je vais me coucher. Il commence à faire froid ici, alors le lit est l'option la plus chaude pour l'instant. Comment vont les affaires ?» C'est une question futile, quoique pleine d'espoir.

---

[7]   Jacinda Adern, Premier ministre de Nouvelle-Zélande de 2017 à 2023

Il répond en disant qu'il a un rendez-vous téléphonique à propos du Keytruda à 10 heures. Il précise qu'il s'agit de se préparer à une première séance le lundi suivant à Dunedin. Après l'appel, il revient avec plus d'informations. Il est toujours aussi rayonnant et joyeux, même s'il est plus mince.

«Lundi matin, nous partons pour planifier une séance de radiothérapie pour mon dos, puis passer une nouvelle tomodensitométrie - le tout à Dunedin, en oncologie. Après cela, il n'y aura plus que du Keytruda. La semaine prochaine, James et Emma viendront passer la semaine chez moi. Nous serons très occupés. Je pèse maintenant 86 kilos, alors que j'en pesais 102 le 2 septembre. OK. Lis bien et va dormir. HA ! HA ! Je t'aime, Frangine».

Je lui rétorque gentiment que nous allons bientôt peser le même poids. Comme je l'espérais, il ne me laisse pas le dernier mot et je reçois d'autres baisers en retour. Ces petits signes d'amour seront effectivement son dernier héritage.

Je ne m'en rends pas compte. Je me sens simplement soulagée que quelque chose se passe enfin. Tout cela semble si positif que je suis prête à croire que le salut est en route. Je veux vraiment croire que l'action apportera un remède - en tout cas plus que le Paracétamol !

Je me sens pleine d'espoir. En dépit de cette réflexion irrésistiblement réjouissante, le professionnel en moi repère encore la phase de déni sur la courbe d'Elizabeth Kübler-Ross. C'est un endroit agréable et chaud, comme mon lit, et je veux absolument y rester aussi longtemps que possible.

LE 14 NOVEMBRE (DIMANCHE)

Je lui envoie un petit message pour lui souhaiter bonne chance pour le lendemain.

«Accroche-toi ! C'est le grand jour, alors fais de ton mieux, Frangin !»

LE 15 NOVEMBRE (LUNDI)

Petrea le conduit à l'hôpital public de Dunedin, où il reçoit un prétraitement en vue de la radiothérapie prévue pour le lendemain. Il rentre chez lui à Ote le soir même, où ses deux enfants l'attendent. Ils le ramènent à Dunedin le mardi 16, où il reçoit sa première et unique dose de rayons. Ils rentrent ensemble le soir même.

Je n'ai plus de nouvelles de lui, mais cela ne m'empêche pas de lui envoyer des photos et de courts messages. Ils n'ont aucune importance mais font partie de la stratégie «prétendre que tout va bien et tout ira bien» que j'ai adoptée telle une femme battue, tout en sachant que ce n'est pas vrai.

LE 20 NOVEMBRE

L'équipe de France de rugby joue contre les All Blacks de Nouvelle-Zélande. J'envoie des enregistrements du Haka des All Blacks et de la Marseillaise française. J'enregistre également ma propre voix enthousiaste pour lui dire que j'espère qu'il est debout pour regarder le match. Il a toujours aimé me taquiner avec la supériorité des Kiwis sur les « Frogs », alors je m'inquiète quand il rate l'occasion de me moquer à bon compte.

Un silence.

Une tentative futile de maintenir l'apparence que tout va bien.

Ce n'est pas le cas.

LE 24 NOVEMBRE

Je téléphone à mon beau-frère, Craig, qui a déjà fait cinq heures de route et plus depuis Christchurch et devrait conduire Ross pendant encore deux heures et demie à l'hôpital de Dunedin ce jour-là. Ross va enfin recevoir la première des «fameuses» perfusions de Keytruda qu'il réclame avec tant d'insistance depuis qu'il a entendu parler de cette possibilité il y a deux mois.

Mais Craig dit d'un ton calme mais sinistre : «Je ne pense pas qu'il va s'en sortir, Lynne. C'est son choix, mais ça ne s'annonce pas bien.» Sa prédiction est sans appel et je sens que la dernière cartouche a été tirée.

Je lui souhaite bonne chance et lui demande de me tenir au courant.

Craig ne conduit pas Ross à Dunedin pour recevoir le traitement au Keytruda. Au lieu de cela, ma sœur vient chercher son mari et le ramène à Christchurch. Elle comprend très bien que son frère ne va nulle part. J'ai perdu de vue le nombre d'heures de conduite que tout le monde semble faire. Je suis consciente de l'ampleur de l'organisation qui doit être mise en place pour à la fois faire tourner le business, s'occuper des enfants et nourrir la famille. Les grands-parents, les amis et la communauté locale semblent s'être transformés en une gigantesque équipe d'aidants prêts à tout. J'aimerais être là pour apporter ma pierre à l'édifice. Ma sœur retourne seule à Ote le 27 novembre. Elle fait partie de l'unité de soins hospitaliers improvisée à domicile. La seule chose qu'elle et sa nièce ne font pas, c'est d'administrer la morphine.

LE 28 NOVEMBRE

Le dimanche matin, j'appelle régulièrement ma mère à Wanaka. C'est une longue conversation. J'ai appris à ne pas projeter mes propres sentiments pour Ross sur ma mère. C'est son fils. C'est mon frère. J'ai appris que son histoire n'est pas la mienne. Il y a longtemps que j'ai cessé de vouloir ouvertement qu'elle le prenne dans ses bras comme son fils perdu depuis longtemps. Mais au fin fond de mon cœur, je sais que j'aspire toujours à une sorte de dénouement qui donnerait une «fin heureuse» à une histoire dont je fais partie, mais dans laquelle je ne suis pas centrale.

Je tente une approche délicate : «Tu sais que Ross n'est pas allé à Dunedin, n'est-ce pas ?»

«Oui, j'ai eu des nouvelles par Maxine».

«J'ai entendu dire que ça ne se présentait pas très bien.» J'avance sur la pointe des pieds.

«Non, en effet. Tu penses que je devrais y aller ?» Tiens, une ouverture

«Cela pourrait être une bonne idée. Y a-t-il quelqu'un qui pourrait te conduire de l'autre côté de la colline ? Demain, par exemple ? » J'en rajoute un peu

«Oui, Jean a dit qu'elle le ferait». Sa réponse est Immédiate.

J'entends qu'elle a vraiment réfléchi à la question et

je me demande pourquoi elle ne s'est pas déjà rendue à l'évidence. Bien sûr, elle va retourner le voir. Elle y est déjà allée une fois, mais elle n'avait pas bien vécu ce qui s'était passé. Je ne comprends pas vraiment pourquoi elle n'était pas contente et ce n'est pas le moment de le lui demander, alors je ne m'en soucie pas beaucoup non plus. Si elle attend un encouragement de ma part, je ne le lui donne pas. L'habileté de l'enfant consiste à essayer d'amener le parent à faire ce qu'il veut sans le lui dire. L'habileté du parent consiste à faire semblant de ne pas remarquer la manipulation. C'est ainsi que les choses se passent entre nous aujourd'hui.

«Si tu décides d'y aller, essayes de rester quelques instants seule avec lui» dis-je d'un ton léger.

Je suis certaine qu'elle entend mon désir secret de la sentir accueillir son fils dans son cœur. Elle dit qu'elle va dormir là-dessus. Elle «saura» au réveil si c'est la bonne chose à faire.

LE 29 NOVEMBRE (LUNDI MATIN)

C'est la «bonne chose à faire» et c'est donc son amie Jean qui la conduit pendant les quatre-vingt-dix minutes qui séparent Wanaka d'Otematata. Elle passe quelques minutes seule avec Ross. C'est une courte visite. Je ne lui ai jamais demandé ce qu'elle lui avait dit et elle ne m'a jamais donné d'elle-même cette information. Elle m'a cependant dit qu'elle était très heureuse d'y être allée, qu'elle savait dans son cœur que c'était ce qu'il fallait faire. Dans mon propre cœur, je prie pour que la boucle soit bouclée. Je me sens intensément soulagée - presque heureuse - comme si le souffle que je retenais depuis ce qui me semblait être une éternité était enfin libéré. Je me couche ce dimanche soir en France, les épaules relâchées et la respiration facile.

LE 29 NOVEMBRE (LUNDI SOIR)

À neuf heures dix, mon frère rend son dernier souffle, son dernier objectif lui ayant échappé : le traitement au Keytruda.

Sa femme Petrea, notre sœur Maxine, ses enfants James et Emma et leur mère Marilyn sont autour de son lit. Il y a une grosse grenouille brune sur le mur, au-dessus de sa tête. Les grenouilles, m'a-t-on dit, sont rares dans la région et ne viennent jamais à l'intérieur d'une maison. Ce dernier détail précieux, partagé plus tard par ma sœur, est une chose à laquelle je m'accroche comme à un clin d'œil bienveillant de Dieu. J'étais là moi aussi.

LE 29 NOVEMBRE 9H15 (FRANCE)

Je traverse la place et emprunte le chemin bordé d'arbres pour me rendre à mon bureau. J'ai un rendez-vous en visio avec un groupe à 9h30. Ma sœur m'appelle sur WhatsApp.

«Il est parti», dit-elle.

Je pourrais me rendre à mon bureau les yeux fermés. Il y a trois minutes de marche entre ma porte d'entrée et l'ascenseur de l'immeuble situé de l'autre côté de la place, jusqu'au huitième étage. Je fais cette promenade depuis douze ans. À cette époque de l'année, il y a des feuilles mortes partout, attendant que le vent les disperse ou que les éboueurs municipaux les balayent. Les mots de ma sœur ôtent la sensibilité de mes pieds, le bruissement des feuilles de mes oreilles, la vue des branches dénudées de mes yeux. Momentanément, je ne vois ni n'entends plus rien. Le pilote automatique me guide jusqu'à l'entrée de mon immeuble. L'appel de ma sœur n'est pas une conversation, c'est une simple information. Je raccroche. J'appelle mon fils pour lui donner l'information. Mes mots forment une purée quelque part dans ma gorge. Les informations principales en sortent par ma voix haletante et étranglée.

«Ross vient de mourir», dis-je. «Mon frère vient de mourir», j'ajoute - inutilement.

Je ne peux pas dire grand-chose d'autre et il ne peut pas dire grand-chose en retour. Il me prête une oreille bienveillante.

Mon monde a changé, mais je prends toujours l'ascenseur pour me rendre à mon bureau. J'allume toujours l'ordinateur et je vais dans la cuisine, comme d'habitude, pour me préparer une tasse de thé. Il est neuf heures vingt-six. Je ne suis pas prête à sourire ni à masquer mon chagrin dans une attitude professionnelle. Je repousse ce moment en passant un autre coup de fil. J'essaie de dire à ma meilleure amie que mon frère vient de mourir, mais les mots sortent dans un nouveau mélange de déglutitions et de sanglots. Elle écoute. Elle ne peut pas dire grand-chose non plus. Je raccroche, je vais à mon bureau, je m'assois devant l'ordinateur sur mon tabouret ergonomique, je me connecte à Zoom, j'ouvre la salle virtuelle et je laisse entrer les gens.

LE 29 NOVEMBRE, 23H30 (NOUVELLE-ZÉLANDE)

Les pompes funèbres d'Oamaru sont à pied d'œuvre. Ils sont dans la chambre avec leur brancard, mais ils n'arrivent pas à le ressortir, une fois le corps posé dessus. C'est un peu comme dans un dessin animé de Tex Avery.

Cela me rappelle un moment macabre dans un cimetière, lorsque le corps d'un ami a été enterré et que les croque-morts se sont rendu compte que le trou n'était pas assez grand pour que le cercueil puisse s'y glisser. Je glousse de rire en me rappelant leur lutte pour rester dignes tout en frappant des coups saccadés sur le trou pour l'agrandir légèrement.

Au numéro 57 de Rata Drive, à Otematata, dans la nuit du 29 novembre, personne ne parle d'abattre un mur, mais James suggère de porter le corps de son père à la façon des pompiers en le jetant sur l'épaule. Il est bien le fils de son père : toutes les solutions aux problèmes sont à portée d'imagination. Il est facile d'imaginer Ross moqueur : «Tu peux le faire, mon pote !». Comme moi, en pensant au trou trop petit du cimetière, tout le monde s'esclaffe. Ce n'est plus de Ross qu'ils parlent tous - c'est d'un corps, comme de n'importe quel autre objet encombrant, qu'ils n'arrivent pas à faire sortir par la foutue porte de la chambre. Je ne suis pas là, mais je vois la scène, digne d'un dessin animé, au travers des yeux des autres, plus tard.

La maison pousse un soupir de soulagement lorsque tout est terminé. Le corps est sorti par la porte, sur le chariot puis installé dans le corbillard qui attend dans l'allée. Le soulagement se mêle au chagrin lorsque l'on contemple le lit vide. L'activité maintient à distance le sentiment de la perte. L'absurdité d'une maison construite sans avoir jamais pensé à la façon dont son propriétaire en sortirait sans l'aide de son corps vivant pour manœuvrer dans les coins, mérite bien d'en rire.

Son corps est transporté à la morgue d'Oamaru. Il est bien plus de minuit. Malgré l'implication de ma sœur dans le drame et son respect pour les derniers moments de la vie de notre frère, elle a fait de son mieux pour m'inclure en me téléphonant toute la nuit pour me tenir au courant.

LE 3 DÉCEMBRE

Mon frère repose toujours dans son cercueil à la morgue d'Oamaru. Je suis toujours en France. La Nouvelle-Zélande est toujours confinée.

Maxine m'appelle sur WhatsApp et je la rejoins avec Craig devant le cercueil ouvert à l'intérieur du salon funéraire.

Elle tourne la caméra vers le corps allongé, vêtu du plus beau costume de Ross, d'une chemise à fleurs et de sa plus belle cravate. Il porte ses lunettes métalliques à monture bleue sur ses yeux fermés. Le costume est trop grand, le cercueil, trop petit pour l'homme dont je me souviens. Maxine se penche au-dessus de lui comme une mère-poule couvant son petit. Elle place un petit ange en bois dans le cercueil, ainsi qu'une bougie et de l'encens. «Pour éclairer le chemin», dit-elle. Je murmure quelques mots d'amour, de remerciement, d'adieu à l'homme qui n'est plus là. Craig a le regard fixe, les mains dans les poches, son chagrin palpable même à une telle distance.

Je me souviens d'être allée rendre hommage à Swami Veetamohananda à la morgue de Paris en 2019. C'était un jour de décembre froid, gris, humide et triste. J'ai traîné à l'extérieur, sous l'un des nombreux ponts de Paris, en attendant de passer devant son corps. Je n'ai eu que quelques secondes auprès de son corps. Il était vêtu de la robe orange traditionnelle d'un sannyasi[8]. J'avais passé près de trente ans en sa compagnie, mais quand j'ai regardé son visage, je ne l'ai pas du tout reconnu. Je ne sais pas sur quelle photo le thanatopracteur s'était basé pour réaliser son travail, mais le visage que je regardais ne ressemblait en rien à l'esprit bon et doux que j'avais aimé et respecté pendant si longtemps. A l'époque, cela m'avait choquée.

Au moins, je reconnais ce visage comme celui que Ross a porté pendant soixante-dix ans et que j'ai connu pendant vingt-sept ans. Il est un peu étrange à mes yeux - peut-être est-ce la quiétude. Je n'ai jamais associé la quiétude à mon frère.

---

[8] Celui qui a renoncé au monde en célébrant ses propres funérailles et en abandonnant toute prétention à un statut social ou familial.

Questions

Avez-vous déjà accompagné un mourant ?

Quel genre d'expérience cela a-t-il été ?

Avez-vous perdu quelqu'un pendant le COVID ?

Comment avez-vous vécu cette expérience ?

Avez-vous déjà contemplé le visage d'un être
cher disparu ?

Qu'avez-vous ressenti ?

Est-il facile ou difficile pour vous de penser à la
mort, au décès et aux funérailles
ou d'en discuter ?

Qu'est-ce qui est facile ? Qu'est-ce qui est
difficile ?

À combien d'enterrements avez-vous assisté ?

Quels rituels étaient identiques ou différents
parmi ceux auxquels vous avez assisté ?

Pensez à un être cher.
Quels mots aimeriez-vous lui dire maintenant,
plutôt que de les garder pour ses funérailles ?

Si le chagrin était un jardin, quelle partie du
jardin représenterait le chagrin ?
Comment prendriez-vous ou prenez-vous soin de
cette partie du jardin ?

Les questions de cette section vous intéressent-
elles ou préférez-vous les ignorer ?
Pouvez-vous expliquer pourquoi ?

QUATRIÈME PARTIE

C'est pas de la tarte

LE 19 JANVIER 2023 (NOUVELLE-ZÉLANDE)
LA TABLE DE PIQUE-NIQUE

Je suis sur le chemin du retour de Wanaka à Christchurch et je fais escale à Otematata pour rencontrer Richard Patton, proche ami de Ross et maître des cérémonies lors de ses obsèques. C'est la deuxième fois en six mois que je retourne en Nouvelle-Zélande. Le pays a rouvert ses frontières en avril 2022.

Richard me rejoint sur le parking et me conduit au bord du lac Benmore, où le maire et ses conseillers municipaux ont fait construire une grande table de pique-nique en mémoire de Ross.

Richard a préparé un pique-nique et je m'attends à ce que nous nous promenions ensemble le long du chemin qui mène au lac. Mais au lieu de cela, il se tourne vers moi et me dit :

«Vas-y. Tu aimeras probablement y passer un peu de temps seule.»

J'apprécie sa prévenance. Cela fait plus d'un an que Ross nous a quittés et il pleure cette perte autant que moi.

C'est une magnifique journée d'été. Le soleil est au zénith. De grands peupliers bordent le chemin de terre, offrant un minimum d'ombre. Richard s'assied sous l'un d'eux, près de l'endroit où il a garé sa voiture. Je poursuis mon chemin, seule, d'un pas alangui. Je ne repère pas tout de suite la table, malgré sa taille, à cause du sentier qui descend doucement jusqu'au bord d'une anse minuscule. Un petit bâteau est couché sur le côté, sur le rivage d'une crique voisine, tout aussi minuscule.

La table de pique-nique est grande et solide, bien vissée sur un épais socle en béton. Elle est faite de bois de pin et possède un auvent en tôle ondulée tendu au-dessus du plateau. Deux bancs en bois tout aussi solides courent de part et d'autre de la table. L'ensemble de la structure est maintenu par des poteaux en acier. Huit vis maintiennent une plaque métallique à l'une des extrémités de la table. On peut y lire : «À la mémoire de Ross McRobie. Conseiller de la circonscription d'Ahuriri, Conseil du district de Waitaki - 2019 - 2021. Don du maire et des conseillers. « Dédié à sa famille et à sa communauté». La structure peut accueillir confortablement douze personnes et leur offrir soit de l'ombre lors d'une journée chaude et ensoleillée, soit les protéger de la pluie. Je m'imprègne de tous les détails comme si je n'allais jamais les revoir.

Je me glisse doucement, avec respect, sur l'un des bancs. Je me penche en avant, écartant les bras, les paumes à plat sur le bois. Mes mains caressent la surface lisse de la table. Il n'y a personne pour entendre les quelques cris étouffés qui m'échappent. Personne pour être témoin des larmes qui gâchent cette scène d'été idyllique. Aucun passant pour recueillir les mots de tendresse et de regret qui s'échappent dans cet espace vide.

Je me souviens de ses funérailles - le 4 décembre 2021 - et des mots que j'ai prononcés alors. Cela me faisait bizarre de me voir en vidéo à deux heures du matin, assise sur mon lit, en France. J'ai fait une bonne prestation, parsemée d'humour léger et sans larmes. J'avais commencé par dire que Ross traitait des chiffres, notre sœur des images et moi des mots. Ensuite, j'ai cité quelques chiffres : deux mères, deux sœurs, deux enfants, trois femmes. Je le taquinais encore, même à ce moment-là.

Mon discours avait été le dernier avant la projection de photos de mon frère à différentes étapes de sa vie. J'imaginais qu'il n'était pas rare que les membres d'une même famille voient pour la première fois leurs enfants ou leurs frères et sœurs à travers les yeux d'autres personnes. Dans mon cas, j'ai vu défiler à l'écran les quarante premières années de la vie de mon frère et découvert qu'elle avait été sa musique préférée. Je savais qu'il jouait du piano, mais j'ignorais qu'il était un pianiste accompli qui s'était mesuré aux meilleurs.

Assise au bord du lac, à sa table de pique-nique, j'entends encore la voix déterminée et claire de sa magnifique petite-fille de sept ans, Olivia, s'adressant à une salle comble.

«Je suis contente que vous soyez tous venus aujourd'hui pour la mort de mon Papy. Mon Papy était le meilleur, comme le jour où il a glissé dans la piscine ou le jour où il a oublié de boucher le bateau et que celui-ci a commencé à se remplir d'eau. Nous savons tous qu'il sera l'étoile la plus brillante du ciel et qu'il rayonnera sur nous. Maintenant, applaudissons mon Papy pour lui dire combien on l'aime.»

Tout le monde s'y est mis.

Son amour et la tranquillité de la petite crique m'arrachent à la mélancolie. L'eau claire du lac ondule avec paresse sur un rivage de galets. Les collines environnantes et les herbes du rivage se répètent comme des miroirs, ondulant légèrement sous un ciel d'un bleu éblouissant. Le seul son que je perçois est celui des bourdonnements paresseux d'une chaude après-midi d'été.

Richard me rejoint à la table avec notre repas. Il a pensé à tout - y compris à une option végétarienne. Nous ne nous connaissons pas vraiment, mais il respecte profondément ce que ce moment représente pour moi. Nous échangeons des anecdotes sur Ross.

Nous rions tous les deux de la taille de la table tout à fait adaptée à un homme comme Ross, qui ne faisait jamais les choses à moitié. Nous l'imaginons présidant la tablée, se levant pour faire un discours de bienvenue à tous les participants au pique-nique, totalement dans son élément en bout de table ou debout au bord du lac, le soleil derrière lui, les bras tendus, la voix retentissante.

«Je parie que ça l'a fait chier de n'avoir pas pu faire le discours d'ouverture de ses propres obsèques», dis-je en plaisantant. Nous rions tous les deux, reconnaissant la part de vérité de cette affirmation.

Nous commençons à échanger des anecdotes sur les funérailles.

« Est-ce que c'est toi qui avait raconté la connerie de Ross avec le fameux trio des frères Shaw lors d'une course-poursuite ? »

« Oui, Keith n'ayant pas pu venir à l'enterrement, je l'ai lu pour lui.»

« Mon frangin était diablement confiant, pas vrai ? Ou alors était-il juste un frimeur invétéré qui ne savait pas plus résister à un défi qu'un taureau à la cape rouge du toréador ?»

«Un peu des deux, je pense, Lynne. » Richard rit en se souvenant de l'histoire.

Ross et son pote Keith étaient encore au lycée et n'avaient pas marqué de points avec les filles lors d'une soirée dansante à Invercargill un samedi soir. Alors qu'ils rentraient chez eux au volant de la voiture de sport de Ross, une Mark 3 Zéphyr se plaça à côté d'eux à un feu rouge.

Aucune chance qu'il n'ait jamais eu de voiture de sport s'il avait grandi dans notre famille, je me souviens d'avoir pensé alors que je continuais l'histoire de ce qui arriva après que Ross a fait un doigt d'honneur aux trois garçons dans la Zéphyr.

Mais quelle connerie ! Toute l'assemblée gloussait, se posant la même question. *Une cape rouge devant un taureau*, tel était le consensus tacite.

J'ai éclaté de rire lorsque Richard, le conteur, révéla que mon conducteur de frère plein de testostérone, avait non seulement fait un doigt d'honneur aux trois garçons, mais qu'il avait choisi de le faire au trio des voyous les plus dangereux de la ville. «Bonjour les dégâts ! »

Richard et moi rions encore de la fin de l'aventure en grignotant notre pique-nique.

«Qui d'autre que mon frère se lancerait dans une course-poursuite avec un gang notoire ? Et je parie qu'il aimait la poussée d'adrénaline quand il faisait vrombir le moteur et prenait les virages à une vitesse folle.»

«Ils chiaient tous les deux dans leurs froques et pensaient finir en bouillie sur la route lorsque le gang les aurait finalement coincés», précise Richard.

« Comment ça s'est terminé, encore ?»

« Les cinq gars sont sortis de leurs voitures. Ross et Keith s'attendaient à ce qu'on leur rende la monnaie de leur pièce. Le grand chef s'est approché d'eux en roulant des mécaniques et leur a demandé qui était le conducteur».

«Oh oui, je me souviens d'avoir retenu mon souffle comme le reste de l'auditoire. J'ai adoré la façon dont tu as joué sur le suspense, Richard.» Nous rigolons tous les deux en nous rappelant ce moment de l'histoire.

Le mec dit : «Alors ça ! C'était la meilleure course-poursuite qu'on ait jamais faite ! Alors, on vous laisse filer «. Et il leur tourne le dos et se déhanche jusqu'à la Zéphyr.

«Alors oui, il était diablement chanceux autant que confiant». Fut ma conclusion en réponse à ma question précédente.

C'est un temps précieux que je partage avec Richard. Nous nous souvenons du gars super que nous avons perdu tous les deux. Assis à sa table de pique-nique commémorative, nous rions de cet incroyable personnage plus fort que la vie, avec ses faiblesses qui nous le rendent si vivant. Le rire est une panacée contre le chagrin.

Il y a encore une longue route à faire en voiture

pour rentrer à Christchurch, alors, d'un accord tacite, Richard remballe les restes et nous revenons le long du sentier jusqu'au parking. Les mûrs épis de blé sauvage se dressent sur la rive du port de plaisance du lac Avimore. Les plumeaux géants des Toitoi se balancent lascivement sous l'effet d'une brise d'après-midi presque imperceptible. C'est l'endroit idéal pour commémorer mon frère ou simplement pour s'asseoir et profiter d'un pique-nique avec des amis. Un jour, en lisant la plaque, quelqu'un demandera de qui il s'agit et il n'y aura plus personne pour raconter.

«Il était soit un type important, soit suffisamment aimé pour qu'on érige cette grande table de pi-que-nique en sa mémoire», pourra-t-on dire.

Je ne serai pas là pour leur dire ce qu'il était pour moi - ce que ma dédicace aurait été. «Rencontré si tard, parti trop tôt».

Richard nous ramène en voiture dans la commune. Il me fait faire le tour des rues jusqu'à la maison de Ross, jusqu'à sa propre maison et jusqu'à la salle des fêtes de la mairie où ont eu lieu les obsèques. Je la vois pleine des personnes endeuillées que j'ai vues en 2021 sur mon écran d'ordinateur au milieu d'une froide nuit d'hiver.

J'observe ma mère de quatre-vingt-onze ans entrer rapidement, la tête baissée. Elle est entourée de ma sœur et de son mari. Elle est vêtue d'une longue robe d'été à fleurs et d'une courte veste beige assortie. Je ne vois que son dos voûté. Elle est assise, « cocoonée », entre Maxine et Craig, au bout du premier rang. Elle avait escaladé le Mount Iron le jour de son quatre-vingt-dixième anniversaire et bu du champagne au sommet avec son petit-fils, Christophe. Je me souviens m'être demandée, en la voyant entrer, comment elle allait gérer cette situation. Tout en faisant confiance à sa fierté pour la maintenir debout, je me demandais si ce n'était pas une injustice de plus qui allait rejoindre le cimetière des douleurs enfouies au plus profond de sa chair.

Je me ressaisis et dis à Richard d'un ton badin : «C'était un fichu entêté, pas vrai ?».

Richard a eu l'air un peu décontenancé, se demandant d'où sortait soudainement ce commentaire.

«Eh bien, c'était certainement un type très déterminé», répond-t-il en me regardant d'un air perplexe, attendant que j'en dise plus.

Nous sommes toujours à l'extérieur de la salle des fêtes de la mairie et ce qui jaillit, ce sont les histoires que les gens racontent sur la façon dont Ross, une fois qu'il avait décidé de faire quelque chose, ne laissait rien se mettre en travers de son chemin. Bien sûr, ils ne l'ont pas dit tout à fait comme ça. Ils ont fait l'éloge de son mantra «Fixez l'objectif, atteignez l'objectif». Son fils, James, a loué la façon dont son père avait «réussi en un temps record son étude du marché immobilier». Sa fille, Emma, a raconté quelques anecdotes amusantes à propos de son père et de son obstination. L'une d'elles concerne une dispute qu'ils ont eue en Italie. Il était déterminé à obtenir une photo d'elle tenant la Tour de Pise et elle, tout aussi têtue, «n'en avait pas la moindre envie». L'autre histoire concerne la présentation de son futur mari au golf du coin. Ross, qui ne se laisse pas décourager par son ignorance du golf, voulait lui apprendre «comment faire». Son insistance s'est soldée par un coup sur la tête lorsqu'elle a pris le départ, suivant consciencieusement ses instructions. Son futur gendre a été accueilli dans la famille au milieu du sang et des jurons. Ni les blessures ni le langage grossier n'ont empêché les deux hommes de devenir de bons copains. Ross pouvait « pisser le sang » ou être sur le point d'être massacré, il parvenait tout de même à se faire aimer des autres par la seule force de son sourire et de son attitude : «rien n'est jamais aussi mauvais que vous le pensez».

Emma et James ont tous deux commenté l'addiction de leur père à la vitesse. James, en le taquinant sur sa crise de la quarantaine lorsqu'il a acheté une MG BGT ; Emma, en reconnaissant ce qui était profondément dou-loureux pour tout le monde - la rapidité avec laquelle il avait quitté la vie. James a reconnu l'amour de son père pour la course automobile et constaté combien il était doué dans les virages lorsque Ross l'avait emmené faire quelques tours sur le circuit local de course automobile.

«Tu n'as pas trainé, Papa ». Emma avait parlé avec tendresse, en regardant le cercueil. « Et en fin de compte, cela a joué en ta faveur. Les quatre derniers jours ont été extrêmement difficiles, mais nous avons fait de notre mieux et je sais que tu nous en as été reconnaissant, Papa ».

L'histoire de la course de voitures était logique. La rapidité avec laquelle il nous avait quittés était logique aussi. Il ne traînait jamais pour rien et n'avait jamais eu de mal à exprimer sa gratitude.

«Les funérailles sont merveilleuses, n'est-ce pas ? Je m'interroge à voix haute. Richard, qui une fois encore n'a pas suivi mon dialogue intérieur, a l'air un peu perplexe mais suit quand même, le fil de mes pensées.

« Celles-ci étaient exceptionnelles», dit-il, « étant donné le peu de temps dont nous disposions pour préparer la cérémonie. C'était une tâche colossale pour ses enfants et Petrea. Ils ont dû faire face aux restrictions du COVID et à une liste d'invités longue d'un kilomètre. »

«C'est vrai, mais je pensais plutôt à la façon dont les funérailles nous permettent de faire l'éloge de la vie d'une personne. J'espère que Ross, allongé dans son cercueil, a entendu tout ce que les gens ont dit de bien sur lui.»

«Je pense qu'il se serait demandé quand diable nous allions servir le vin, Lynne». Richard laisse échapper un petit rire.

Je plaisante : «Il aurait eu les boules de ne pas avoir le dernier mot». Nous sourions tous les deux en pensant à ce gars qui aimait partager un verre ou deux et qui donnait autant qu'il recevait.

«Nos discussions du soir au bord du lac, sur le bateau, me manquent», confie Richard, un brin nostalgique. «Nous partagions beaucoup de pensées profondes et intimes autour de quelques verres de vin. C'était vraiment un bon copain pour moi».

Je ressens la nostalgie de Richard. Elle correspond à la mienne mais, en réalité, je n'ai jamais eu ces longues conversations profondes avec Ross. J'ai failli en avoir une lorsque nous avons passé deux jours à pédaler ensemble entre le lac Pukaki et Otematata en janvier 2017. Je suppose que j'ai toujours pensé qu'il y aurait du temps pour ce genre de conversations.

Je me souviens de la façon dont chaque orateur a paré mon frère défunt de souvenirs en or et en pierres précieuses. Il a en effet brillé dans leurs paroles comme cette étoile dans un ciel nocturne, à laquelle le discours de sa petite-fille aux cheveux d'or a fait allusion.

La mort est un espace sombre que nous remplissons

d'amour et de lumière. Les funérailles sont un moment d'amnésie collective et d'euphorie. C'est ce qui s'est passé à l'enterrement de Ross. Ses amis se sont souvenus de ses folles aventures, de sa générosité, de sa détermination, de la façon dont il voulait vraiment le meilleur pour tous ceux qu'il rencontrait. Sa famille a transformé ses mésaventures en anecdotes pleines d'humour. Leurs récits étaient des clins d'œil à l'amour, et non de petits coups de griffe. Ils l'aimaient tous malgré ses défauts.

Je savais qu'il était comme un puissant aimant qui attirait facilement les gens dans son orbite. Il était presque évident qu'il finirait par se lancer dans la politique. Les gens baignaient dans son aura. Mais, parfois, sa témérité et son appétit insatiable conduisaient les imprudents au bord de précipices dont il n'était pas toujours aisé de s'éloigner. C'étaient des endroits sombres où ceux qui l'aimaient ont cessé de rire et dû chercher au fond d'eux-mêmes une place pour le pardon. Ces souvenirs n'avaient pas leur place à ses funérailles. Ils ont été enfermés dans son cercueil et brûlés avec son corps. Le vent, l'eau et la terre les ont engloutis avec ses cendres.

La table de pique-nique est l'endroit où ceux qui l'ont connu pour le meilleur et pour le pire se rendent en sa mémoire. Mes pensées se balancent paresseusement comme des algues humides sur un bassin rocheux ;

parfois visqueuses, le plus souvent gracieuses, au soleil de l'après-midi, en discutant avec Richard.

Il change de sujet. «Je suis en train de lire ton livre et j'aime bien. Certaines des questions que tu poses me font vraiment réfléchir.»

Poser des questions est la raison d'être de mon travail de coach, et je suis heureuse d'apprendre qu'elles «fonctionnent» pour un lecteur. J'en ai truffé mon premier livre. Il s'agissait d'invitations à m'accompagner en pèlerinage, non seulement vers le tombeau de Saint-Jacques de Compostelle, mais aussi vers son propre cœur. J'y avais marché pendant quatre ans, trois saisons et dix jours avec un autre Richard, il y a bien longtemps.[9]

«Je suis vraiment contente que tu l'apprécies». Je souris comme le proverbial chat du Cheshire. «Tu sais, j'ajoute que Ross n'aurait probablement jamais lu mon livre, même s'il avait vécu pour le voir publié, mais je suis sûre qu'il aurait parlé au monde entier de sa «sœur de Paris qui écrit des livres».

«Oui, il était très fier d'avoir une sœur qui vivait à Paris», reconnaît Richard.

Je ne saurai jamais si «écrire des livres» l'aurait

---

9   *Je l'ai* décrit en détail dans mon premier livre, Pèlerin un jour – Coach toujours.

emporté sur «vivre à Paris», mais je sais que son enthousiasme n'aurait rien eu d'ironique. Il avait tout simplement une étonnante capacité à convaincre tout un chacun qu'il avait la capacité à croire en lui ou en quelque chose».

«Oui, c'était Ross.» Richard sourit aussi. «C'est pour ça qu'on l'aimait tous et qu'on ne l'oubliera pas.»

Nous nous disons au revoir et convenons de nous revoir la prochaine fois que je reviendrai par ici.

SUR LA ROUTE – LE TEMPS DE LA RÉFLEXION

C'est un trajet de retour rapide sur la State Highway 83 jusqu'à l'embranchement d'Omarama, où elle rejoint la route principale vers le nord. Ce n'est qu'un détour de vingt-quatre kilomètres par rapport l'artère nord-sud de l'île du Sud. Je fais le plein de ma Toyota de location vert grenouille à Omarama. Je n'ai pas choisi la couleur. En 2022, il était pratiquement impossible de louer quoi que ce soit sur quatre roues en Nouvelle-Zélande. Les sociétés de location s'étaient débarrassées d'une grande partie de leur flotte durant la pandémie et ne pouvaient répondre à la demande d'un monde à nouveau en mouvement. J'ai eu la chance de trouver «Kermit». Elle avait été construite pour les petites dames japonaises et non pour leurs sœurs kiwis aux longues jambes. Lorsque je quitte la station-service et me dirige vers le nord en direction des lacs intérieurs, je sais que je ferai de fréquents arrêts pour me dégourdir les gambettes.

Pendant ce parcours en solitaire, je repense aux dix-huit derniers mois, à ce que Richard a dit de mon livre, à la réaction de ma mère à son sujet.

Elle n'a jamais fini de lire mon livre. Elle s'était amusée à raconter que sa fille écrivait un livre sur le chemin de Saint-Jacques-de-Compostelle. Mais lorsqu'elle a finalement commencé à lire le manuscrit non publié, elle s'est rendu compte qu'il ne s'agissait pas seulement d'un récit de voyage. Elle m'a dit qu'elle ne l'aimait pas. Je me souviens d'avoir été surprise et blessée. Lorsque je l'ai interrogée plus avant, elle m'a dit que cela la déprimait. Au moment de cette conversation, le manuscrit était encore chez le correcteur. J'avais encore le temps de parcourir les premières scènes à la recherche de ce qui aurait pu la heurter. J'ai trouvé une anecdote sur le fait de rentrer chez moi, seule, dans l'obscurité, par une nuit d'hiver. J'écrivais que mon ami Jésus avait marché avec moi pour que je n'aie pas peur. Je me demandais ce que d'autres personnes utilisaient comme talisman pour gérer leurs peurs lorsqu'elles étaient jeunes. J'avais qualifié l'enfance en général, et la mienne en particulier, « d'entrepôt en périphérie de la ville ». En me relisant, je me suis rendu compte que j'aimais la sonorité des mots, mais que l'affirmation elle-même n'était pas vraie. Il était facile de les rayer. Ce que je fis. Cette métaphore n'a jamais été publiée.

Lors d'un autre appel téléphonique du dimanche matin, je lui ai redemandé ce qu'elle n'aimait pas dans mon histoire. Elle a hésité, mais a fini par dire qu'elle avait toujours pensé que mon enfance avait été heureuse.

« Mais c'est le cas », ai-je insisté au téléphone. « Qu'est-ce qui te fait penser le contraire ? »

« J'ai dû être une mère épouvantable ». Elle évite la question.

« Qu'est-ce qui, dans le livre, te fait dire ça ? » Je me sentais coupable de quelque chose qui n'était pas nommé.

« Je ne sais pas, commença-t-elle. « ... te laisser rentrer seule dans le noir », finit-elle un peu mollement.

Je me sentais triste de ne pas pouvoir lui faire oublier son sentiment d'échec en tant que mère, alors que je réussissais presque tout ce que j'entreprenais. Elle avait toujours été fière de mes succès comme s'il s'agissait des siens. Mon histoire, mon livre, c'était moi, pas elle.

Mais elle le vivait comme son échec, et non comme ma réussite. J'ai compris qu'elle avait peut-être peur de ce qu'elle pourrait découvrir si elle continuait à lire l'histoire. Elle était encore, et par choix, la mère non reconnue publiquement de Ross. Elle restait isolée dans la douleur et la honte d'un événement qui remontait à plus de soixante-dix ans. Ce n'était pas quelque chose que mon existence pouvait guérir malgré des années d'efforts inconscients. Non, mon enfance n'avait pas été malheureuse, il lui manquait juste un élément.

« C'est mon histoire, maman, pas la tienne », lui ai-je dit aussi gentiment que possible.

AU BORD DU LAC (SOIRÉE DU 19 JANVIER)

Mes yeux n'ont pas quitté le paysage ni la route, même si mon esprit s'est momentanément évadé pendant quelques kilomètres. Cette route est spectaculaire, la nature est spectaculaire. Je me gare sur le parking qui surplombe le lac Pukaki. Il est déjà plus de cinq heures de l'après-midi. Tous les bus de touristes sont partis et les bancs de pique-nique sont vides. Quelques personnes grimpent sur les rochers au bord de l'eau. Les blés dorés scintillent près des eaux turquoise du lac. Le Mont Aoraki, vêtu de ses neiges éternelles, fixe le lac avec un aplomb royal. Le mont se découpe sur un ciel bleu immaculé. Sa nudité suscite la vénération de ceux qui ont la chance de le voir sans son habituelle couverture nuageuse. Sans trop me soucier des trois heures de route qui m'attendent, je prends le temps de m'arrêter et de regarder.

ANNIVERSAIRES

La dernière fois que je suis venue par ici, c'était avec ma sœur pour mon soixante-dixième anniversaire, en juillet, en plein hiver, il y a seulement six mois. J'avais passé toute l'année 2022 à fêter mon anniversaire d'une manière ou d'une autre. Cette année-là, j'ai eu l'impression que n'importe quel prétexte suffirait pour célébrer le fait d'être en vie, dans un monde post pandémique et sans frère.

Je suis née dans le froid glacial d'un hiver néo-zélandais, trois semaines après le début du mois de juillet. Je déteste les anniversaires froids. Je ne me souviens que d'un seul de mes vingt-deux anniversaires néo-zélandais.

Le jour de mon cinquième anniversaire, ma mère avait organisé une fête pour les enfants. Il y avait des ballons, des gâteaux et des petites saucisses sur des bâtonnets. Ce dont je me souviens le plus, ce sont des petits triangles de pain blanc recouverts de milliers de petites boules de sucre multicolores. Je les léchais sur le pain et, avant qu'elles ne fondent, je courais dans toute la maison, la langue tirée, en rugissant et en griffant. Tous les autres enfants ont trouvé ce jeu génial et s'y sont mis. Mes copains imbibés de sucre et moi nous amusions comme des fous, alimentant la pagaille. Ce sont peut-être nos doigts collants sur le papier peint ou simplement le volume sonore qui ont mis fin à la fête. Je ne m'en souviens pas.

Et je ne me souviens d'aucune autre fête. Notre maison familiale était naturellement silencieuse. Elle n'aimait pas qu'on dérange ses entrailles. Elle rejetait les enfants bruyants et tout ce qui pouvait gâcher son impeccable apparence. Les feux au charbon, les chauffages au kérosène, les bouillottes entre les draps de coton, tout cela faisait partie des mornes hivers de Christchurch. Pas les fêtes. En été, jouer dehors ne dérangeait personne, mais ce n'était pas la date mon anniversaire.

Il a fallu que je vienne en Europe pour profiter de mes anniversaires. J'adore les anniversaires d'été. Ce doit être la raison pour laquelle je ne suis jamais retournée vivre en Nouvelle-Zélande. Je n'ai eu que deux autres anniversaires en hiver : le quarante-deuxième, lorsque j'ai rencontré mon frère, et le soixante-dixième, lorsque je suis rentrée à la maison pour dire au revoir à ma mère.

Questions

Quel genre de cérémonie aimeriez-vous organiser
pour marquer le passage de votre vie sur Terre ?

Lorsque vous quitterez le corps dans lequel vous
avez passé votre vie,
souhaitez-vous qu'il soit enterré ou incinéré ?
S'il est incinéré, où voulez-vous que vos cendres
reposent ?

Comment aimeriez-vous que l'on se souvienne de
votre vie ?

Si vous deviez rédiger un testament « moral »
maintenant, quel genre d'héritage moral ou
spirituel souhaiteriez-vous laisser à ceux qui
viendront après vous ?

Pourriez-vous rédiger ce testament « moral »
maintenant ?

Quelle histoire de votre vie avez-vous le plus
envie de raconter ?
Pourriez-vous l'écrire ? Qu'est-ce qui vous en
empêcherait ?

Quel type de monument commémoratif pourrait rendre hommage à votre vie ?

Qui est votre ami le plus cher ?
Qu'est-ce qui fait de lui ou d'elle cet ami(e) le/la plus cher(e) ?

CINQUIÈME PARTIE

Long est le chemin du retour

Je décroche le téléphone pour notre conversation habituelle du dimanche matin. Ma mère me dit qu'elle est allée voir son médecin qui lui a donné les résultats de ses examens. Son amie Jean est avec elle pour notre appel de ce matin. C'est une conversation inconfortable.

« Ils ne sont pas très bons. »

Je reconnais l'euphémisme et laisse échapper un petit mais imperceptible soupir.

«Alors, que t'a dit ton médecin ?» J'insiste sur les faits pour faire taire un sentiment d'inquiétude grandissant.

«Il est dans la vulve et se propage rapidement. » Elle aussi préfère les faits aux ressentis. «Il n'y a pas de remède».

Combien d'autres ? Je me sens proche du désespoir, me demandant combien de personnes que j'aime vont encore monter dans le train et me laisser seule sur le quai.

Je ne sais pas comment poser la question évidente. C'est trop brutal. Alors, au lieu de dire : «Combien de temps te reste-t-il ?» je demande : «A quoi ressemble Noël à ce stade ?»

Elle comprend parfaitement ce que je demande et

me dit qu'elle va me passer Jean, qui était également avec elle au cabinet médical. « Je suis encore bouleversée. »

Elle passe le téléphone à son amie qui me raconte mot pour mot la conversation avec le médecin. Les termes médicaux me laissent perplexe et, de toute façon, je ne suis pas sûre de vouloir les connaître.

« Jean, j'ai un billet pour la Nouvelle-Zélande pour Noël, mais devrais-je le changer et venir plus tôt ? »

Il est plus facile d'être franche avec une amie qu'avec ma mère. Je veux être pragmatique et adulte, mais la petite enfant que je suis encore à l'intérieur ne veut pas que sa mère la quitte. Je me vois, enfant sur une plage, en train d'écoper frénétiquement à mains nues pour vider un trou de sable de son eau de mer. Plus je creuse, plus l'eau s'engouffre. Mon cœur ressemble à un trou de sable où le chagrin s'engouffre de tous les côtés. Je veux l'empêcher d'entrer.

Jean dit d'une sorte de ton factuel : « Hummm, Lynne, je pense que tu ferais mieux de venir avant. Noël est encore loin.» Sa voix, au chant irlandais, adoucit ce que je ressens être vrai. Il ne reste plus beaucoup de temps. Mais combien de temps ?

«Et si je venais en juillet ? » Je demande timidement, mon esprit faisant de grands calculs sur la façon dont je pourrais concilier les petits-enfants, mon travail et les mois d'organisation que mon mari a passés pour m'emmener dans les Highlands écossais en août pour un cadeau d'anniversaire spécial.

« Je ne tarderais pas plus à ta place ».

Je vois la Mort comme féminine, comme faisant partie du cycle de la terre : créer, nourrir, se décomposer et mourir. Une fois qu'Elle aura sonné à la porte, Elle imposera son propre rythme, ignorant mes horaires de travail et de vie. Elle n'est pas ouverte à la négociation. Même si je devais l'ignorer, comme nous avons tous choisi de le faire pendant les trois derniers mois de la vie de mon frère, Elle suivrait toujours son propre emploi du temps. C'est Elle qui a le dernier mot.

La tragédie du moment est atténuée par les plaisanteries de Jean et de Maman qui envisagent de faire le tour de la ville en arborant des T-shirts sur lesquels on pourrait lire «Soyez gentils avec moi, je suis en train de mourir». Elles pensent avoir enfin trouvé l'ultime réplique aux vendeurs impolis, aux gardiens de parking qui s'en fichent et aux serveurs paresseux. Je me joins à l'hilarité en ajoutant mon grain de sel. «Oh ! Oui ! N'oublie pas de le porter lorsque tu veux une table dans un café plein à craquer ! » J'apprécie le soulagement du rire qui apaise un cœur qui flanche.

C'était en avril.

J'ai attendu un mois avant de prendre une décision

difficile fin mai. J'ai annulé mes vacances à la plage avec mes petites-filles. Je n'ai pas échangé mon billet de Noël pour la Nouvelle-Zélande. Je l'ai gardé et j'en ai acheté un autre pour la mi-juillet, à la fin de mon dernier engagement professionnel. Et j'ai dit «oui» au cadeau d'anniversaire de mon mari, un voyage sur la terre de mes ancêtres.

DE RETOUR « CHEZ-MOI », JUILLET 2022

Le 18 juillet 2022, j'étais donc à l'aéroport Charles de Gaulle, au milieu d'un chaos d'Européens déterminés à repartir en voyage et d'un personnel désespérément en sous-effectif. Je n'ai même pas tenté de faire la queue et fait semblant, au comptoir d'enregistrement, d'avoir une affaire urgente à régler. Un billet en classe affaires était suffisamment convaincant pour un personnel aérien intérimaire et harcelé. Mon sourire bienveillant, agrémenté de quelques bribes de français et d'anglais, m'a évité d'être lynchée par les autres clients.

Je ne m'étais aventurée qu'une seule fois dans le monde des voyages à l'étranger depuis le premier confinement en 2020. J'avais pris l'avion de Paris-Orly pour la Jordanie à la fin du mois de mars 2022. J'avais toujours voulu voir Petra. C'était sur ma liste de choses à faire avant de mourir. Alors, quand des amis m'ont dit qu'ils partaient pour trois semaines et que j'étais disponible la semaine où ils seraient à Pétra et dans le désert, j'ai sauté sur l'occasion de les rejoindre. Après deux années d'enfermement, c'était providentiel. J'avais mes carnets de vaccination à présenter et on a pris ma température à l'entrée de l'aéroport. Je portais le masque obligatoire, mais je me suis demandée à quoi il servait lorsque j'ai vu les couloirs déserts de l'aéroport. Ce fut une expérience sinistre.

Il en est allé autrement lorsque le mois de juillet arriva et que le monde entier sembla vouloir se frayer un chemin vers un comptoir de compagnie aérienne pour s'échapper, n'importe où pourvu que ce soit ailleurs

J'étais heureuse là où j'étais, en France, en été. J'aurais aimé échapper à la Nouvelle-Zélande en plein hiver, mais je savais que c'était «maintenant». Et je savais qu'il fallait que je parte.

Alors que j'avais accepté, obéissant comme un mouton de Panurge, de ne pas pouvoir entrer dans le pays pour voir mon frère avant qu'il ne meure, l'indignation que j'avais accumulée s'est déchaînée contre le « pass » de voyage néo-zélandais. J'ai ressenti une colère irrationnelle. Moi, une citoyenne néo-zélandaise « pur jus » retournant dans mon propre pays, je devais produire un tel certificat ou risquer de me voir refuser l'entrée. Il était insensé de gaspiller de l'énergie sur cette question, mais comme beaucoup d'autres personnes habituées à la liberté démocratique, je refusais de me sentir contrôlée.

J'ai atterri le 20 juillet et, le lendemain, j'ai pris la direction du sud avec ma sœur. Le 20 juillet, il n'était pas certain que nous puissions aller jusqu'à Wanaka, les conditions climatiques hivernales induisant souvent que les routes soient inondées, les ponts emportés et les cols de montagne fermés. Mais ce jour-là, un paysage autrefois inhospitalier s'était transformé sous les rayons d'un soleil hivernal. Le soleil était blanc sur les rochers, bleu sur les hauteurs et étincelant le long de la longue route droite qui traversait le bassin du McKenzie dont l'herbe était tachetée de neige. C'était une journée paradisiaque. Nous nous sommes garées sur le parking du lac Tekapo et sommes tombées sur la fille de Ross, Emma, et sa famille, se dirigeant vers le nord. Nous étions arrivés à mi-chemin en même temps.

« Le monde est petit, hein ? » Nous nous sommes salués, nous félicitant de notre bonne fortune. Et comme si cela ne suffisait pas à prouver l'existence d'un univers éminemment bienveillant, Petrea, la veuve de Ross, s'est arrêtée sur le même parking quelques minutes plus tard. Elle aussi se dirigeait vers le nord, mais pas aussi loin qu'Emma et sa famille.

« J'avais besoin de faire courir le chien », expliquet-elle. «Ça tombe bien, hein ? » De telles coïncidences me rappellent que la Grande Architecte a décidément bon cœur.

Petrea essayait de vendre leur maison d'Otematata et tirait une remorque pleine d'affaires jusqu'à Christchurch. Petrea me montre «notre Sage» qui fait également son chemin vers Christchurch à l'arrière de la remorque. Il est destiné à prendre place à côté de la télévision chez Maxine et Craig. Il tiendra l'histoire de notre frère délicatement entre ses doigts avec le même soin qu'il tient son lotus.

Je ne l'enviais pas. Elle avait besoin de reprendre sa vie en main après une année marquée par le chagrin et le désarroi.

Je me remémorais avoir éprouvé quelque chose de semblable à son sentiment de perte avant de quitter la Nouvelle-Zélande pour la première fois en 1975. L'homme que j'avais aimé au point de vouloir en faire mon compagnon de vie était parti en Allemagne pour saisir une fabuleuse opportunité de travail. Son départ m'avait anéantie. Rien ne pouvait combler le vide qui s'était creusé dans ma vie ; il ne faisait que grandir au fil des mois. C'était bien avant que la messagerie électronique ne crée un semblant de proximité, de sorte que le temps passait sans nouvelles ni manifestation d'affection. Mais j'étais jeune et résistante. J'ai rebondi après une année de deuil et préparé mon propre départ. Je ne suis jamais revenue vivre en Nouvelle-Zélande. Cette décision n'était peut-être pas uniquement motivée par le désir de fêter mes anniversaires au soleil.

Je me disais que Petrea était solide. J'étais certaine qu'elle trouverait un moyen de surmonter sa perte et sa douleur. Nous avons pris beaucoup de photos de nous tous, souriant comme le soleil, avec en une éclatante toile de fond les montagnes et le lac.

Ma sœur et moi avons facilement franchi le col de Lindis et sommes descendues vers Wanaka juste après la tombée de la nuit.

WANAKA EN HIVER

Lorsqu'elle a su que je viendrais, Maman m'a dit qu'elle voulait me préparer un dîner d'anniversaire spécial pour fêter mes soixante-dix ans. Cela signifiait «choisis ton plat préféré».

«Un Fish'n'chips de cet endroit sur le front de mer.» Sans la moindre hésitation.

Lorsque Maxine et moi sommes arrivées dans le centre de la petite ville, il faisait nuit et les rues étaient désertes. Nous sommes allées directement à la friterie, avons emporté les Fish'n'chips alors qu'ils étaient encore chauds dans leur emballage et nous sommes dirigées vers la colline où Maman vivait, dans le cottage numéro quatre.

«Il faut les manger dans l'emballage, sinon c'est de la triche», ai-je déclaré en arrivant.

«Oui, mais ils ne sont pas non plus enveloppés dans du papier journal», fit remarquer ma sœur. «En fait, nous pourrions les servir dans une assiette et les manger avec un couteau et une fourchette. »

«Quoi ? On ne peut pas manger du Fish'n'chips avec un couteau et une fourchette. Sacrilège !» Je feins l'horreur. «Écoutez, je veux bien admettre que nous ne sommes plus au bon vieux temps où les Fish'n'chips étaient servis au comptoir enveloppés dans le journal de la veille. Mais il est hors de question que je les mange avec un couteau et une fourchette». J'ai alors proclamé la loi ancestrale de la consommation de Fish'n'chips : «Il faut les manger avec les doigts. »

« De toute façon, c'est mon anniversaire, c'est moi qui décide !».

«Et quel âge as-tu décidé d'avoir aujourd'hui ?» demande ma sœur d'un ton autoritaire, avec un grand sourire.

«Oh, laissons la gamine faire ce qu'elle veut». Maman se sert une frite avec les doigts. «Et je coupe le poisson avec un couteau, ne t'en déplaise», ajoute-t-elle avec un clin d'œil.

C'était bon d'être à la maison. C'était bon d'être ensemble. C'était bon de manger du Fish'n'chips avec les doigts, directement dans le sachet.

Maman avait acheté un gigantesque gâteau qu'elle avait glacé elle-même avec les mots «Joyeux anniversaire Lynne».

«Tu n'as pas le droit de pleurer le jour de ton anniversaire». Maman et Maxine ont toutes deux psalmodié ce mantra familier lorsqu'elles ont vu les larmes me monter aux yeux. J'ai remarqué à quel point ma mère était devenue mince depuis la dernière fois que je l'avais vue, en mars 2020, juste avant que le monde ne se confine. Même à l'époque, elle n'était pas très épaisse. Le cancer suçait la chair de ses os, et j'étais un enfant de soixante-dix ans qui mangeait le gâteau de sa Maman, sans avoir le droit de pleurer le jour de son anniversaire.

SORTIR ET SE PROMENER

Après mon départ pour une durée indéterminée à la fin de 1975, je ne suis jamais revenue en Nouvelle-Zélande sans avoir à l'esprit un itinéraire de vacances. Il y avait toujours quelque chose à faire, quelque part où aller, quelqu'un à voir. Cette fois-ci, j'étais revenue dans le seul but de passer du temps avec ma mère. Mon seul souhait était de faire exactement ce qu'elle voulait faire, d'aller où elle voulait aller, d'être avec qui elle voulait être. Au début, elle ne m'a pas crue et n'a cessé de me proposer des idées qui, selon elle, me feraient plaisir.

Un jour, je l'ai conduite avec son amie Jean jusqu'aux lacs de Wanaka et d'Hawea, puis jusqu'à Makarora, en leur promettant de leur offrir un café à notre arrivée. Il n'y avait qu'une heure de route jusqu'à Makarora, mais la journée était si belle que nous avons dû nous arrêter fréquemment pour prendre des photos. Les arrêts ayant ajouté quarante minutes au trajet, lorsque nous sommes arrivées à destination, l'attente d'une tasse de café était forte. Il n'y avait personne en vue. Le café et la station-service étaient tous deux fermés. Il n'y avait plus qu'à faire demi-tour et revenir à la maison. Nous nous sommes arrêtées pour déjeuner dans un pub à Hawea, mais comme dans beaucoup de lieux touristiques de tout le pays après la crise du COVID, le personnel manquait. La nourriture était médiocre. Maman a à peine touché à son repas. Je la comprenais. Il avait probablement été préparé par le cousin de quelqu'un qui avait pris un jour de congé de son travail de bureau habituel pour donner un coup de main. La vue sur le lac était spectaculaire et donc, malgré la nourriture, cela valait la peine de s'arrêter.

Je pensais que nous avions passé une merveilleuse

journée, mais lorsque Maman et moi nous sommes retrouvées autour d'une tasse de thé en fin d'après-midi, elle m'a dit à quel point elle s'était sentie mal toute la journée. Son corps tentait de s'adapter à l'impact de la morphine sur un organisme qui n'avait connu que d'occasionnelles aspirines. C'est à ce moment-là que j'ai réalisé qu'elle avait dit «oui» à notre sortie en pensant me faire plaisir. C'était le cas. J'avais vraiment apprécié le voyage, mais j'avais aussi imaginé que je le faisais pour elle. Je n'avais vu aucun signe de son malaise. En fait, je n'avais aucun souvenir de ma mère malade. Dans mon esprit, je la voyais comme un modèle de santé. J'ai mis à jour mon logiciel intérieur et j'ai décidé de faire des trajets beaucoup plus courts lors les sorties suivantes.

Quelques jours plus tard, par une belle journée, je l'ai conduite pour un déjeuner à vingt-cinq kilomètres de la route principale jusqu'au Cardrona Pub. Elle adorait cet endroit. C'était l'un des plus anciens Pubs de Nouvelle-Zélande et elle y avait amené nombre d'amis au fil des ans. Elle avait déménagé à Wanaka dix ans plus tôt, en état de choc post-traumatique après les tremblements de terre qui avaient ravagé la ville de Christchurch.

Lorsque nous sommes arrivées, le Pub était plein de skieurs dont les chaussures s'entrechoquaient sur les planchers en bois et qui n'arrêtaient pas de parler bruyamment. Maman avait l'air accablée par le bruit et minuscule au milieu des vêtements volumineux et les bruyantes chaussures de ski.

« Pas sûr que nous soyons servies. Qu'en penses-tu ? Peut-être devrions-nous aller voir ailleurs», dit-elle. Cela ne lui ressemblait pas d'abandonner avant même d'avoir essayé. D'habitude, c'était elle qui écartait les obstacles. Le fait que Maman s'exprime négativement, même à petite dose, constituait, pour moi, un territoire nouveau.

« Je vais arranger ça », l'ai-je rassurée tout en me disant, *je jouerai la carte de «ma mère est en train de mourir» s'il le faut*. J'ai cherché autour de nous et réussi à prendre possession d'une table près d'une fenêtre. Nous nous sommes serrées sur un coin de table et avons attendu que notre potage soit servi. La soupe était bonne, mais l'appétit de Maman était devenu celui d'un moineau. A la dérobée, j'ai observé son visage. Elle ne tentait pas de faire bonne figure, ni d'afficher de la gaîté. Son regard, tourné vers la fenêtre, était empreint de mélancolie. Qui sait ce à quoi elle pensait ? Je ne lui ai pas proposé un sou pour ses pensées. Je me souviens simplement que je me sentais tellement triste au milieu de l'agitation, du bruissement des salopettes de ski et des visages bronzés.

Le plus souvent pendant ces mois de juillet et d'août là, nous nous sommes retrouvés avec ses amis, en ville, pour prendre un café. Elle était spécialiste des cafés « latte », qu'elle ne buvait jamais entièrement parce qu'ils refroidissaient. Elle demandait alors qu'on lui apporte un pichet d'eau bouillante, mais refusait ensuite de boire le reste du café au lait parce qu'il n'était plus à son goût. Au moins, était-elle cohérente avec sa capacité à m'agacer avec des détails sans importance comme le fait de gaspiller son café. Ma sœur, devenait folle devant son refus de suivre les prescriptions de son médecin en matière de gestion de la douleur. Mais son dilemme était évident : Maman craignait de perdre la clarté de ses pensées sous l'influence de la morphine et, en conséquence, son indépendance d'action. Elle insistait pour supporter la douleur aussi longtemps que possible.

Lorsque quelqu'un évalue son niveau de douleur sur une échelle de 1 à 10, qu'est-ce que cela signifie vraiment ? Maman a noté sa douleur à 7 et plus tout en refusant de prendre la quantité de morphine prescrite. Elle en prenait une minuscule gorgée matin et soir, comme pour faire plaisir à son médecin (ou à sa fille). C'était comme si elle disait : «Voyez comme je suis une bonne fille». Aucun d'entre nous n'a cru à cette ruse.

J'ai choisi de faire confiance à sa volonté plutôt

qu'à la petite bouteille posée sur le comptoir de la cuisine. C'était une femme têtue et courageuse, mais elle n'a pas facilité la tâche de ceux qui voulaient s'occuper de son bien-être.

À peu près au même moment où son amie et elle avaient ri de la confection des T-shirts estampillés «Be Kind», elle avait déclaré, de manière un peu grandiloquente, qu'il n'y aurait «pas de funérailles quand je serai partie». Maintenant que ma sœur et moi étions là toutes les deux, nous avons pu la confronter à son désir d'organiser une fête plutôt que des funérailles.

«Vrai, pas vrai ?» Les gosses (quel que soit leur âge) peuvent être impitoyables envers leurs parents. Je l'ai poussée à prendre une décision qu'elle ne voulait pas prendre mais que nous ne pouvions prendre à sa place.

«Pourquoi veux-tu une fête maintenant plutôt que des funérailles après ? Hormis l'évidence : présente pour la fête ou partie pour les funérailles». Dis ce qu'il en est. Il faut avoir le cuir bien tanné pour survivre à certaines conversations avec ses gosses.

«Je ne sais pas. C'est différent. Je ne connais personne d'autre qui l'ait fait». Son expression était celle du doute – et de l'd'excitation.

Je ne savais pas si elle me montrait le personnage qu'elle s'était fabriqué pendant le temps passé à Wanaka ou si je voyais enfin son vrai « moi ». Elle était une pionnière, un modèle pour les autres, une force positive pour ce qui touchait à la vie et à la santé. Bien sûr qu'elle voulait une fête pour célébrer La Vie avant que la sienne ne s'achève !

Elle ne voulait pas de « pleurs » - elle voulait des « Youpi » !

C'était une chose de le dire, mais c'en était une autre de le faire. Ma sœur plaidait pour un petit événement à la maison, quelque chose que nous pourrions préparer nous-mêmes sans trop de problèmes. Elle était en faveur du discret pas cher.

« Écoute, ils ont tous plus de soixante-dix ans, » dit-elle d'un air raisonnable. « Ils n'auront pas envie de champagne en plein milieu de l'après-midi. Du thé et du café feront l'affaire. »

« Combien de personnes penses-tu qu'il y aura ? » Je regardais la dimension du salon de son cottage en me demandant si nous pourrions échelonner les arrivées au cas où Maman inviterait plus de dix personnes. « Nous n'avons pas assez de chaises », ai-je fait remarquer. Mon ton raisonnable correspondait à celui de ma sœur. « Ils auront besoin de s'asseoir à cet âge-là. J'avais totalement oublié que je venais moi aussi d'avoir soixante-dix ans.

« Ce ne sera que pour quelques heures et les gens ne resteront pas aussi longtemps de toutes façons. Il fait nuit à cinq heures ». Maxine avait l'air sûre d'elle, mais cela ne correspondait pas à l'idée que je me faisais du « Youpi » !

Le « quoi » et le « où » détermineraient le « qui ». Je n'aimais pas tourner en rond et le temps manquait. Je devais quitter Wanaka le 12 août. La décision devait revenir à Maman, mais c'était comme si elle ne pouvait pas s'autoriser à dire ce qu'elle voulait vraiment devant ses deux filles – (qui avaient des idées différentes sur le sujet). C'était comme si elle devait favoriser une fille par rapport à l'autre, - ce qu'elle ne voulait pas faire. Les gosses peuvent être des juges impitoyables à l'égard de leurs parents. On peut donc lui pardonner d'avoir hésité à exprimer ses souhaits. Au lieu de décider du « quoi » et du « où », elle s'est concentrée sur le « qui ». Mais cela dépendait du « quoi » et du « où » - et nous voilà reparties pour un tour. Elle ne voulait oublier personne, mais ne pouvait pas inviter toutes les personnes qu'elle connaissait en ville. Elle ne savait pas où fixer la limite. Elle essayait de prendre des décisions alors que son corps souffrait de douleurs intenses qu'elle refusait de traiter avec des doses plus fortes de morphine. Cependant, plus sa liste d'invités s'allongeait, moins la possibilité d'un «fait maison» était envisageable.

Jusqu'à ce qu'enfin... «Je pensais à quelque chose d'un peu plus chic, au bord du lac» dit-elle, mine de rien.

Maman se lança dans cette idée comme si elle venait d'y penser. «Quelque chose dans un beau salon de l'hôtel Edgewater, avec vue sur le lac», poursuit-elle, indiquant clairement qu'elle avait réfléchi et qu'elle savait exactement ce qu'elle voulait. «Petits fours, champagne, musique. Thé et café, bien sûr. De l'eau gazeuse aussi.» Et comme pour justifier l'extravagance de ses souhaits, elle ajouta : «J'utiliserai l'argent que j'ai mis de côté pour mes obsèques pour payer tout ça».

Il n'y avait pas grand-chose à dire après cela. C'était une décision.

«Je vais appeler Edgewater et demander un devis. » Il s'agissait d'une fête d'après-midi, le 11 août, pour cinquante personnes avec champagne, thé/café, petits fours sucrés/salés, et une salle avec vue sur le lac.

«Combien, s'il vous plaît ? »

PRÉPARATION DE LA FÊTE

La procrastination terminée, l'inquiétude commençait. Cet hôtel souffrait d'un manque de personnel. C'était l'hiver et les employés étaient en congé. J'avais eu trois différents contacts par e-mail et jamais deux fois la même personne au téléphone. Exaspérées par le stress de l'organisateur, nous nous sommes présentées toutes les trois sans prévenir à la réception de l'hôtel et avons exigé toute leur attention. Toutes nos inquiétudes se sont envolées avec l'apparition d'un responsable qui s'est mis en quatre pour nous rendre service. Il nous a dit être sur le point de partir en Inde pour fêter l'anniversaire de sa grand-mère.

«Pas d'inquiétude. Votre fête se déroulera parfaitement bien en mon absence. J'y veillerai», nous rassura-t-il avec son grand sourire et son accent indien.

«Ma grand-mère est en train de mourir, vous comprenez, alors je dois y aller», dit-il pour expliquer son absence. Nous n'aimions pas étaler que Maman, comme sa grand-mère, ne serait bientôt plus de ce monde elle non plus. Je ne suis pas sûre qu'il ait bien compris que la fête qu'il organisait en l'honneur de la femme assise en face de lui, portant une tenue élégante digne d'une quadragénaire, tenait lieu de funérailles pour cette même femme. Il voulait faire du bon travail et il s'assurerait personnellement que Maman ait la fête qu'elle voulait. Nous avons parlé chiffres. Nous avons testé la disposition de la salle. Nous avons visualisé le flux des invités et du personnel. Nous avons parlé des horaires et des pires scénarios. Nous avons imaginé diverses solutions. Nous avons pris tout notre temps. J'ai du mal à imaginer qu'une telle attention nous ait été accordée dans une mégapole comme Paris.

Nous avons quitté l'hôtel confiantes et de bonne

humeur. Dans mon Panthéon personnel, c'était le meilleur manager du monde : amical, serviable, minutieux. J'ai vécu sa prestation comme authentique et pas seulement professionnelle. Certes, Maman avait joué à fond la carte du charme. Et peut-être que lui avait, consciemment ou non, gâté ma mère comme il l'eut fait pour sa propre grand-mère en Inde.

Le lieu étant choisi, nous étions libres de nous inquiéter au sujet des discours et de la playlist. J'ai commencé à voir l'avantage d'une cérémonie d'obsèques lorsqu'il s'est agi d'écrire l'éloge funèbre de ma mère. J'étais sûre que Ross aurait approuvé toutes les choses merveilleuses qui avaient été dites à son sujet lors de ses funérailles (non pas qu'il ait pu y faire quelque chose !). Maman, quant à elle, voulait avoir le contrôle total de ce qui allait être dit. J'étais fière de sa carrière professionnelle vaste et variée. Pour moi, c'était quelqu'un qui pouvait s'adapter à n'importe quel travail. Elle avait occupé des postes de secrétaire, de manager et une multitude de postes de commerciale – incluant voitures, investissements financiers, maquillage, literie, etc.

Mais elle ne voulait absolument pas que l'on en cite un seul.

«Ce que j'ai fait de ma vie ne regarde personne». Elle était irritée et sur la défensive.

Son irritation m'a amenée à me demander jusqu'à

quel point elle avait entouré ses vies antérieures de mystère. Jusqu'où s'était-elle «réinventée» depuis qu'elle avait quitté Christchurch après la mort de Papa, dix ans plus tôt ? Que pouvais-je dire de sincère à son sujet ? J'appréciais la discrétion, mais je ne supportais pas les secrets. Je savais d'expérience que les informations cachées aux membres d'une famille étaient préjudiciables. Compte tenu de ma profession, j'avais beaucoup plus d'expérience que ma mère en matière de révélation de soi, et je voulais qu'elle m'autorise à faire des révélations. Je voulais vraiment raconter son histoire, mais qui étais-je pour imposer ma loi à ma mère ?

«Tu veux que je dise quelque chose ou pas ?» Je n'avais pas réussi à ravaler mon agacement. J'étais redevenue la gamine d'un mètre vingt que j'étais autrefois, les mains sur les hanches, le regard foudroyant. Je n'aimais pas qu'on me dise ce que je pouvais dire ou ne pas dire.

«Oui, bien sûr». Elle avait l'air boudeuse.

«Alors, dicte-moi ce que tu veux que je dise», ai-je dit d'un ton détaché. Je n'étais toujours pas bien grande.

«Oh, dis ce que tu veux !» Le ton était hautain et tranchant.

L'échange brusque, à la limite de la vacherie, a été suivi d'un silence morne. Je la détestais.

Après quelques minutes, j'ai grandi à nouveau.

«Maman, tu as eu une vie tellement riche avec une multitude d'emplois – et tu ne veux pas que les gens le sachent ? Je suis vraiment fière de tout ce que tu as fait de ta vie». J'avais retrouvé une voix plus apaisée. Mais elle n'en démordait pas.

«Oui, mais je ne suis pas allée à l'université ou n'ai rien fait de ce genre», était son argument. Elle ne se sentait pas assez bien, mais par rapport à qui ? Je n'avais pas l'intention de m'aventurer sur ce terrain.

«Parmi tous les emplois que tu as occupés, quels sont ceux qui t'ont le plus marquée ? Quels sont ceux dont tu es la plus fière ?» J'entendais le coach « manipulateur » orienter la conversation vers le résultat souhaité. Le mien ! Les enfants ne peuvent pas être des coachs pour leurs parents.

«Et bien, j'ai été la première femme non infirmière à être nommée par la l'infirmière générale pour superviser des infirmières de l'hôpital public. »

Je ne le savais pas ! Je savais que les parents s'intéressaient beaucoup à la vie de leurs enfants, mais à quel point leurs enfants s'intéressaient-ils à eux ? Quel âge fallait-il avoir pour se rendre compte que leurs histoires allaient disparaître avec eux ? Combien d'autres choses ma mère ne m'avait-elle pas dites à son sujet, simplement parce que je n'avais jamais pensé à le lui demander ? Le temps me semblait si court.

«C'est très bien, Maman, alors je vais juste dire une ou deux choses que tu aimerais que je dise et je vais faire court et simple. C'est d'accord ?» J'ai compris qu'elle luttait pour garder le contrôle d'une vie qui lui échappait. Exercer un petit contrôle sur ce que je disais d'elle, à ses amis, était un maigre moyen de continuer à sentir qu'elle était la plus âgée et qu'elle pouvait imposer ses conditions.

Le smartphone était à moi. L'ampli était à moi. Je contrôlais la playlist. J'étais magnanime avec le droit d'en rajouter. Maman, elle, a choisi « The Andrew Sisters », Maxine « Simple Minds », Craig « Men Without Hats » et moi, tout le reste. J'ai rapidement présenté mes choix et constaté que tout le monde était – miraculeusement - d'accord.

Maman a soudain douté de son choix «Tu ne penses pas que les Andrew Sisters sont un peu trop vieux jeu pour tout le monde ?» Je ne lui ai pas rappelé que la plupart de ses invités auraient plus de soixante-dix ou quatre-vingts ans et qu'elle les dépasserait tous d'au moins dix ans.

Un matin, peu de temps avant la fête, nous écoutions la station de radio locale. Ils passaient «It's My Party», un tube des années 60. Maman et moi nous sommes lâchées sur le refrain, en brâmant : «*You would cry too, if it happened to you / Tu pleurerais aussi si* ça *t'arrivait !*», suivi d'éclats de rire. Cette chanson-là, a été téléchargée. La fête commençait à prendre tout son sens. C'était une célébration de la vie et du rire, de la joie et de la chanson, de la légèreté d'être. Même si Maman avait encore des doutes à l'idée d'inviter des gens à une fête plutôt que de leur demander d'assister à ses funérailles, je l'ai maintenue dans son idée initiale de faire quelque chose de différent. Elle était une pionnière de plus de 90 ans et j'étais fière d'elle.

Les invitations ont été envoyées à partir de mon adresse électronique française, ce qui signifie que certaines ont atterri dans les « spam » et n'ont jamais été lues. D'autres ont été renvoyées avec la mention «destinataire inconnu», ce qui nous a obligées à revoir la liste des invités. Une tâche simple s'est transformée en un long processus. Les appels téléphoniques ont dû remplacer l'efficacité des courriels. Cela voulait dire conversations et explications. Il n'était pas facile d'appeler et de dire : «Oh, au fait, je suis en train de mourir et j'adorerais que vous veniez fêter ça avec moi». Donc, Les conversations étaient plutôt construites autour du thème : «J'organise une fête un après-midi au bord du lac et j'invite quelques amis. J'aimerais bien que tu sois là.»

Au milieu de l'effervescence de l'organisation, il y eut les visites de l'équipe de soins palliatifs, celles de l'équipe de cancérologie et autres soignants. Ils laissèrent des brochures expliquant le processus de la mort : ce à quoi on peut s'attendre et à quel moment. Les mots étaient clairs, les images utiles. Pendant ce temps, Maman continuait d'évaluer sa douleur au-dessus de 7, tout en bricolant avec de la morphine liquide matin et soir.

«Je préférerais parler de la fête», dit-elle après l'une de ces visites, alors qu'elle s'était sentie harcelée pour son manque d'assiduité dans la prise des doses de morphine. La fête l'aidait à se concentrer sur les aspects positifs, tout comme Ross s'était concentré sur la vente de maisons ou sur sa nomination à un conseil d'administration.

«Parlons de la fête», ai-je volontiers acquiescé. Une fête était quelque chose que l'on attendait avec impatience, quelque chose qui nous faisait oublier toutes les «autres choses». Il m'était plus facile de considérer la fête comme un événement professionnel que l'on m'aurait demandé d'animer, car je me trouvais alors en terrain connu : un délai, une cible et des objectifs clairs. Mon travail consistait à faire en sorte que le champagne coule à flots, que la musique joue, que les discours soient brefs et que je fasse confiance au processus. Je pouvais compter sur ma mère pour jouer le rôle d'hôtesse par excellence. Ma sœur et son mari seraient les co-animateurs, s'occupant des invités et dansant sur le hit-parade. Ensemble, nous nous assurerions que tout le monde se sente bien accueilli et ait de quoi boire. Le «reste» ne disparaîtrait pas, mais nous pourrions l'éviter un peu plus longtemps.

Mes deux derniers jours avec ma mère ont été les 11 et 12 août. Je m'en souviens tour à tour comme du sel séchant sur la peau après une baignade en mer ou comme de l'eau douce enlevant toute raideur : apaisante et soulageante.

Au moment de m'habiller pour la fête, j'ai enfilé une paire de leggings extensibles rose pâle que j'avais achetée en ville deux jours plus tôt. J'ai passé un pull en mérinos extensible aux manches longues lilas foncé avec par-dessus, une tunique courte noire à manches longues en laine d'opossum. Je n'étais pas habillée pour une fête, mais je n'étais pas venue en Nouvelle-Zélande avec mes habits de fête. Je me suis dit que j'étais pas mal – mais certainement pas « parisienne ».

Maman, elle, une fois habillée, avait tout de « La Parisienne ».

« Tu n'as rien d'autre à te mettre ? » Elle critiquait clairement ma tenue.

« Je ne suis pas venue avec mes habits de fête ». Ma réponse boudeuse a jailli sans même que j'y aie réfléchi.

« Je vais porter le même legging que le tien ». Jubilait-elle ou s'amusait-elle à me taquiner ? Ou bien faisait-elle à nouveau son « numéro de sœur » ?

Quoi qu'il en soit, je ne voulais pas me laisser « embarquer », je ne voulais pas m'engager dans des vacheries de nanas. Je ne voulais pas ressentir le tranchant de la rivalité entre deux femmes. Mais c'était bien là, là où cela avait toujours été, là où tout commence, où tout s'apprend : dans la relation entre une mère et sa fille.

Soudain, j'ai eu un flash-back sur l'époque où nous étions allées ensemble à Venise. Cela devait faire quarante ans. Je pouvais encore entendre l'indignation excitée de sa voix lorsqu'un Italien lui avait pincé les fesses. Ce n'était pas parce qu'elle avait fait l'expérience du stéréotype du mâle italien comme étant une « vérité », qu'elle était ravie. C'est parce qu'il avait choisi ses fesses à elle et pas les miennes ! Il y avait quatre fesses à choisir et c'est l'une des siennes qui était l'élue ! Elle en avait récupéré une belle histoire à raconter à ses amis de retour à la maison, mais surtout, elle s'était sentie assez jeune pour s'être fait pincer en Italie. Elle pouvait prétendre être ma sœur et non ma mère. Enfin, jusqu'à ce que j'essaie de la guider pour traverser une route embouteillée. C'est alors qu'elle a revendiqué toute son ascendance. «C'est moi la mère !»

«Pour l'amour du ciel !» Ai-je marmonné, levant les yeux au ciel et haussant les épaules dans le plus pur style latin.

Mais nous n'étions pas à Venise ce 11 août 2022. Nous étions en train de nous habiller pour sa dernière fête à Wanaka, en Nouvelle-Zélande.

Elle entra dans le salon, portant un legging gris clair. Il était identique à mon legging rose et elle l'avait acheté dans la même boutique le jour après moi. Il lui allait beaucoup mieux qu'à moi. D'abord, elle était beaucoup plus mince que moi et, ensuite, le gris était une couleur plus élégante, plus parisienne que le rose.

Quand je l'ai vue habillée de la même façon que moi, mais en mieux, j'ai été vexée.

«Portes ce que tu veux ! » lui ai-je lancé d'un ton maussade.

Le fait qu'elle m'ait déplu devait être d'une évidence criante car elle remplaça son legging par un vieux pantalon noir. Elle était tout de même bien mieux habillée que moi. Mon humeur traduisait un mélange d'irritation, de bouderie et de culpabilité qui s'exprimait en phrases courtes, lèvres pincées. J'ai tenu à préciser que j'étais Kiwi et pas Parisienne, et que je me moquais bien de mon apparence. C'était si loin de la vérité que cela aurait été drôle si je n'avais pas régressé à l'âge de l'adolescence, époque où l'apparence est une affaire très sérieuse. C'était l'époque de la beauté juvénile, du rouge à lèvres, des seins et de ce qu'il fallait porter. C'était l'époque de la rivalité inconsciente entre femmes pour attirer l'attention des hommes. À ce moment précis (ainsi qu'à l'âge officiel de soixante-dix ans), je détestais ma mère avec la passion d'une adolescente de quinze ans. C'était différent de la rage d'un enfant de cinq ans qui ne voulait pas qu'on lui dise ce qu'il devait faire ou dire, mais cela revenait au même : j'étais l'enfant de ma mère et il n'était tout simplement pas possible de maintenir une relation exempte de sentiments désagréables. J'étais cependant sûre d'une chose : je ne voulais pas quitter Wanaka et ma mère le lendemain matin avec de la rancœur ou de la colère au cœur.

Je ne voulais vraiment pas que cela se produise.

Le Haim !

La célébration de la vie – de la vie de ma mère - fut un véritable succès. Le soleil rayonnait au travers des baies vitrées, dévoilant les eaux calmes du lac avec les montagnes en toile de fond. Dans le lointain, on pouvait voir que la neige était tombée jusqu'au bord du lac.

Les amis de Maman sont venus en nombre, vêtus de grands sourires et de leurs habits les plus chics. Ils n'étaient pas venus pour apporter cadeaux ou condoléances. Ils étaient venus pour faire la fête ! Lorsque la salle fut pleine et bourdonnante, Maxine me fit signe en levant les pouces. J'ai bondi, pour ainsi dire, sur une petite table et crié : «Mesdames et Messieurs, debout s'il vous plaît pour Tom Jones» en appuyant sur le bouton de la sono. Les haut-parleurs ont diffusé de toute leur puissance Tom hurlant «I'm Alive !» (Je suis vivant). Maxine et moi avons parcouru la salle pour faire lever tous ceux qui pouvaient marcher (sauf Martin, qui pouvait seulement se tenir sur une jambe). Nous avons obtenu que tout le monde lève le poing et hurle «I'm Alive» à chaque refrain. C'était grandiose ! Helen, habituellement un modèle de flegme britannique, un demi-sourire sur les lèvres s'est dandinée avec Mr Tom Jones. Daphné, habituellement peu portée à afficher des comportements extravagants, était debout et se bougeait. Je les aimais parce qu'ils aimaient suffisamment ma mère pour célébrer sa vie (d'une manière qui n'était sûrement pas habituelle). Ils étaient vraiment des amis très chers.

Steve, le voisin de Maman, l'emmena sur la piste de danse et la fit tourbillonner sur «Stayin' Alive» des Bee Gees. Le chapeau de feutre rouge à larges bords de Jo dansait et vibrait dans la foule sur le rythme du disco.

Jean, habituée aux rudes ascensions en montagne, dansait le boogie avec l'énergie d'une chèvre de montagne. « C'est une occasion très spéciale, Lynne ». Jean me fit un clin d'œil. «J'ai mis du mascara pour elle.»

« Ta mère est une personne très spéciale. Nous avons été de bonnes voisines l'une pour l'autre, » déclara Donah sa voisine d'en face qui partageait avec Maman des origines écossaises. Donah passa l'après-midi radieuse, sautillant et sirotant. Maman avait de super voisins.

Maxine, Craig et moi avons été les seuls à faire des discours. C'était étrange de parler de Maman devant elle bien vivante. Il était difficile de trouver le bon ton et les mots justes. Il fallait que ce soit une célébration et non une lamentation. Ce n'était ni un anniversaire ni un enterrement. J'ai fait le discours que Maman voulait que je fasse. J'étais professionnellement gaie et personnellement triste.

Maman s'est mise au centre de la scène pour les photos de groupe. Les «filles» se sont alignées pour la photo du groupe de Tai Chi, puis ce sont les « filles » du Mahjong qui se sont alignées pour la leur. Elles auraient toutes pu être des camarades de classe posant lors d'une réunion d'anciens élèves. Je ne sais pas de quoi tout le monde parlait car je n'ai participé à aucune conversation. J'ai laissé ma sœur s'occuper de la convivialité. J'étais DJ, maître de cérémonie et « videur ». Cela me convenait parfaitement. Je supposais que Maman détournait toutes les conversations sur sa souffrance et s'assurait que ce soit elle qui pose les questions. *C'est une bonne stratégie.* J'ai fait carrière en posant des questions. *Pour d'autres raisons, bien sûr,* me dis-je.

«Les gens aiment parler d'eux-mêmes et sentir que quelqu'un s'intéresse à eux», avait-elle dit. Je ne pouvais qu'être d'accord avec elle sur ce point.

Cela permet également d'être en sécurité. Votre histoire reste à l'intérieur de vos murs.

J'avais tenté de lui expliquer que les gens demandaient un accompagnement lorsqu'il y avait des fissures dans leurs murs ou qu'ils s'étaient égarés dans leur histoire. Je ne lui avais pas dit que je voulais faire tomber ses murs. Et que je voulais également qu'elle soit en sécurité. Je voulais la guérir psychologiquement avant qu'elle ne meure. Et je ne voulais pas faire tanguer son bateau plus qu'il ne tanguait déjà. Tout coach digne de ce nom sait que vouloir quelque chose pour quelqu'un d'autre est un moyen infaillible de faire échouer le processus de coaching, comme je le savais trop bien pour avoir déjà essayé de la manipuler.

La veille de la fête, Interflora avait livré une couronne de fleurs provenant d'amis en France. C'était un ornement parfait pour un cercueil ou une tombe.

«Si, si, c'est pour une amie très chère qui est mourante, effectivement, mais elle veut célébrer sa vie d'abord!» Je pouvais lire la perplexité sur le visage de la vendeuse réalisant qu'elle commandait des fleurs qui devaient être livrées à une dame âgée, dans une obscure bourgade au bout du monde – qui était encore en vie mais dont les fleurs étaient pour ses funérailles. La couronne est restée sur la cheminée du cottage jusqu'à ce qu'elle soit placée, avec d'autres bouquets de fleurs, devant deux « pêle-mêle » de photos installés dans la salle des fêtes. L'un d'eux montrait les débuts de la vie familiale de Maman et l'autre la montrait à divers moments ou lors de vacances exotiques. Aucun ne montrait ses trois enfants. Elle était jeune et belle partout.

LA MAGIE DE L'AMOUR, 12 AOÛT 2022

Le lendemain de la fête, Maman s'est levée avant tout le monde. Elle se tenait debout dans sa robe de chambre bleue duveteuse face au comptoir de la cuisine. Elle tâtonnait avec le flacon de morphine liquide, essayant de verser la bonne dose dans une petite cuillère. Ma sœur et son mari dormaient encore. Il était environ sept heures et demie, avant que le soleil ne se lève.

Je l'ai regardée, immobile, pendant quelques secondes. Puis, sans résistance aucune, mon cœur a fondu d'Amour.

Je me suis approchée d'elle doucement. Mes bras

se sont ouverts sans y penser. Je l'ai prise dans mes bras, délicatement.

«Je t'aime, Maman.»

«Je t'aime aussi». Les mots se sont coincés dans sa gorge.

«Merci pour tout. Merci d'avoir rendu possible cette vie ici. Ces dix années ont été les meilleures de ma vie. Elles n'auraient pas été possibles sans toi. Ici, j'ai pu devenir la personne que j'ai toujours voulu être.»

«Tu vas me manquer, Maman». J'en étais sûre et certaine.

«Tu me manqueras aussi.»

Nous sommes restées là, dans une étreinte qui m'a semblé réelle pour la première fois. Il nous était déjà arrivé de nous étreindre par le passé, mais je m'étais toujours sentie embarrassée par une telle démonstration d'émotion avec elle.

Dans la cuisine de Wanaka, lorsque nous avons abandonné notre étreinte, je n'étais pas embarrassée. Je flottais, les yeux fermés, bras et jambes écartés, sur une mer d'une douce chaleur. La fraîcheur d'un soleil tropical matinal embrassait mes paupières. Je me suis prélassée tranquillement dans ce moment de lumière. J'ai remercié pour le don d'Amour et de vie qui venait de m'être offert. À la onzième heure, les mots étaient venus d'eux-mêmes. J'ai pu lui dire simplement et sincèrement que je l'aimais.

Nous avons pris le petit-déjeuner tous les quatre, comme si c'était un jour comme les autres. Nous avons mis les valises dans le coffre de la voiture de Craig pour le voyage de retour vers le nord. Nous avons pris nos dernières photos ensemble sur la pelouse sous un soleil radieux. Maman et moi avons marché ensemble le long des autres cottages jusqu'aux boîtes aux lettres situées à l'entrée. La sienne était la quatrième. J'ai pris ma dernière photo d'elle, posant dans un pull vert d'eau, une main sur sa boîte aux lettres noire et grise. Elle portait une écharpe à rayures multicolores élégamment drapée autour de son cou. Elle portait des lunettes de soleil et son sourire était juste un peu de travers. J'ai aperçu sa voisine, Donah, à l'arrière-plan. Elle se tenait discrètement à proximité, au courant de cet adieu. Elle serait le bon samaritain de Maman lorsque Maxine, Craig et moi la laisserions seule.

Je suis montée sur le siège passager de la voiture de Craig. J'ai jeté un coup d'œil dans le rétroviseur pour apercevoir une dernière fois ma mère. Elle nous tournait le dos, marchant côte à côte avec sa voisine, remontant le chemin que nous venions de prendre. J'ai cogné le toit de la voiture avec mon poing et poussé un hurlement d'angoisse venu d'ailleurs. Toute la douleur d'un animal blessé - ou d'un enfant perdu - a envahi l'habitacle de ses cris et sanglots incontrôlés. Craig a passé la vitesse inférieure, ma sœur m'a pris la main et tous deux ont donné de l'espace et du respect à mon explosion de douleur imprévue.

Nous avons roulé lentement jusqu'au bord du lac. Je suis restée sur son rivage de galets, les bras écartés, une plaie béante, vulnérable, devant le terrible bien-être du monde.

J'ai écouté le silence d'une eau indifférente à la plus légère brise. J'ai respiré l'air vif, frais et pur. J'ai regardé le soleil et la neige répandre la lumière comme autant de paillettes sur le lac, dans une étreinte éblouissante.

Au bord du lac Wanaka, la Grande Terre Mère m'a offert Son réconfort et je l'ai accepté. Elle m'a offert sa journée la plus parfaite. Elle a retenu son souffle pour que rien ne vienne troubler les reflets sur l'eau alors que nous passions en voiture. Elle a porté la même couleur, un bleu azur profond, toute la journée et, à la fin, Elle m'a offert une pleine lune dont la lumière éclairait les pâturages parsemés de petits moutons blancs. J'ai passé cette journée en présence de Sa Grâce, alors qu'Elle partageait son exquise beauté hivernale. C'était comme si la tristesse qui cherchait à s'incruster dans la moëlle de mon esprit se voyait refuser l'entrée par Sa question : «Mais comment peux-tu être triste quand tu me vois dans toute Ma splendeur ?»

LONGUE EST ENCORE LA ROUTE, 19 JANVIER 2023

Je détourne mon attention de la dernière fois où je suis revenue à Christchurch, le 12 août 2022, et je me concentre sur mon voyage de retour actuel.

Je regrette de quitter la région du McKenzie et ses vastes étendues d'herbes sauvages, mais je franchis facilement le col de Burkes sur la nationale n° 8, ainsi que Fairlie. Geraldine est pratiquement fermée lorsque je parviens enfin à sa périphérie rurale. C'est un endroit où j'aimais m'arrêter avec Maman pour prendre une tasse de thé et grignoter quelque chose de raffiné. Mais ce n'est pas le moment de faire une halte nostalgique, la lumière faiblit et il me reste encore deux heures de route. Je traverse Mayfield, Springfield et Darfield. Toute trace du ravage causé par les tremblements de terre de 2010-2011 à ma ville natale, a disparu de Darfield.

Darfield a été l'épicentre du premier tremblement de terre. Chaque réplique successive a mis Christchurch à genoux, détruisant les maisons bâties sur les collines, traumatisant la population. Ce 22 février 2011, ma mère avait prévu d'aller au cinéma, mais des amis lui ont proposé d'aller plutôt déjeuner ensemble. Elle se trouvait donc avec eux dans le centre de la ville lorsque la terre a commencé à s'agiter, crépiter, onduler, d'une façon devenue familière. Avec la même familiarité, les septuagénaires et octogénaires se sont propulsés sous la table de la salle à manger. Lorsque la secousse s'est arrêtée, Maman a filé à pied pour rentrer chez elle, traversant le centre-ville, passant devant des visages ensanglantés et le symbole emblématique de la ville : sa cathédrale, effondrée telle une ruine de pierres antiques. Ross était au téléphone dans l'appartement de Maman, à la périphérie du Central Business District, quand cela s'est passé. L'appartement était resté debout, un hommage à sa conception solide en forme de cube, lorsque Maman est finalement rentrée chez elle. Ross et elle ont jeté quelques affaires dans le SUV de Ross et se sont lentement frayés un chemin au travers du chaos et du cortège de voitures jusqu'à l'autre côté de la ville, chez ma sœur, dans une banlieue du nord-ouest. Le traumatisme qui lui a été infligé comme à des milliers d'autres personnes ce jour-là, a marqué le début de son déménagement à Wanaka. Ce jour-là, les journaux télévisés informaient le monde du tremblement de terre meurtrier de Christchurch du 22 février ayant fait 185 victimes. Mais la catastrophe de Fukushima au Japon, début mars, a rapidement accaparé l'attention des médias – et les habitants de Christchurch ont été laissés en « paix » à patauger dans la « liquéfaction », grimper sur les décombres et enterrer les morts.

Un an plus tard, Maman vivait dans un cottage à Wanaka, grâce à son fils, à ses deux filles et à beaucoup d'aide de sa belle-fille.

LE 19 JANVIER 2023, CHRISTCHURCH

Il fait nuit lorsque je me gare dans l'allée chez Maxine et Craig. Je vide le coffre et trie mes vêtements en piles pour les emballer le surlendemain. Je décide de ce qu'une autrice autopubliée pour la première fois devrait porter pour sa séance de dédicace et mets cette tenue de côté. Cette fois, je veux avoir l'air un peu étrangère, un peu française, un peu parisienne. Ma mère n'est pas là pour examiner mon choix d'un œil critique. J'aimerais en être plus heureuse. Elle me manque. Je m'allonge enfin, j'éteins la lumière et je m'aperçois que je suis trop excitée pour dormir. Mes pensées remontent un mois en arrière, lorsque j'ai pris l'avion pour Christchurch.

Lorsque je suis entrée chez ma sœur le 24 décembre 2022, les cendres de ma mère se trouvaient dans ce qui ressemblait à une boîte à chaussures surdimensionnée posée sur une table ronde en verre dans le jardin d'hiver. Il n'y avait aucun lien entre la mère à laquelle j'avais dit au revoir le 12 août et la boîte posée sur la table. Avant de quitter Wanaka, Maman m'avait donné un petit bougeoir en cristal que quelqu'un lui avait offert dans le même but que celui pour lequel elle me demandait de l'utiliser.

«Pourrais-tu brûler une bougie pour moi lors de ma crémation ? C'est une si belle idée.»

Je n'ai eu aucune difficulté à accepter un si beau geste.

Après qu'elle eut quitté son corps et que celui-ci eut été transporté à la morgue en attendant d'être incinéré, j'ai écrit aux pompes funèbres pour connaître l'heure exacte du début de l'incinération. Je voulais être certaine de respecter ses dernières volontés. Elle devait avoir lieu le mardi 21 novembre à 9 heures, heure locale, soit le 20 novembre à 21 heures en France.

CRÉMATION

J'ai invité quelques amis qui avaient rencontré Maman à allumer des bougies à ce moment-là. Mon amie Sarada, chanteuse professionnelle, s'est enregistrée sur son téléphone chantant «Amazing Grace». J'étais persuadée que la puissance enchanteresse de sa voix chantant les louanges des anges apaiserait toute âme errant sur un chemin céleste. J'ai acheté une bougie en cire d'abeille qui s'insérait parfaitement dans le chandelier que ma mère m'avait offert. J'ai placé une rose blanche sur un autel fait maison, préparé de l'encens à brûler et sélectionné quelques textes à lire. J'ai choisi l'un de ses textes préférés : «The Desiderata», ainsi qu'un des derniers poèmes que je lui avais lus au téléphone, «My Brilliant Image» de Hafiz. Ce devait être le petit service funéraire qu'elle ne souhaitait pas, mais dont je pensais qu'elle serait heureuse : modeste mais intime. Cela ne regardait personne d'autre ! Même si j'en ai parlé à quelques personnes.

À neuf heures du soir, le 21 novembre 2022, le service funèbre improvisé se déroula selon le plan établi. La voix de Sarada emplit l'air de mélodies obsédantes. J'ai lu. Richard, mon mari, a pris la parole. Des amis ont envoyé des photos d'eux et de leurs bougies allumées. La bougie elle-même, dans son support en cristal légué par Maman, a mis cinq heures à brûler - le temps qu'il faut pour qu'un corps adulte se consume et que ses cendres soient traitées et placées dans une urne.

CENDRES

Le matin de Noël 2022, ma sœur et moi nous sommes «attaquées» aux cendres. Nous avons mis des gants chirurgicaux et recueilli les restes d'une vie longue et riche dans de petits sacs en plastique. Nous avions fait la même chose avec les cendres de notre père, mais j'avais oublié la quantité de cendres qu'un corps produit une fois incinéré et à quel point elles sont lourdes. Debout dans le jardin d'hiver de la maison de Craig et Maxine, face aux cendres de Maman dans une boîte posée sur la table, nous avons discuté comme si nous consultions maman sur l'endroit exact où elle souhaiterait que ses cendres soient dispersées, déposées ou enterrées.

«Maintenant Maman, nous savons que tu aimais te déplacer, alors voici ce que nous pensons. Nous savons que tu as dit que tu voulais qu'on te confie aux vagues de la plage, comme Papa».

«Tu m'as aussi dit que tu avais envie de reposer au fond du lac à Wanaka.»

«Et nous pensons que tu aimerais aussi être avec ton père au cimetière de Dunedin».

«Ce pourrait être vraiment bien d'être à côté de Nana et de tante Nola dans les jardins du crématorium ici à Christchurch».

«Je te ramènerai à Paris pour que tu puisses être près de ce joli rosier que tu as planté dans notre jardin.»

«Je me disais que j'aimerais aussi te garder ici, dans notre jardin, à Christchurch.»

Maman a accepté toutes nos suggestions, bien sûr.

Nos bavardages nous protégeaient des atrocités comme l'absence et la finitude.

Nous avions été invités par des amis de Maxine et Craig à partager le déjeuner de Noël avec eux.

Nous étions toutes les deux reconnaissantes que notre premier Noël sans Maman ne soit pas à la maison. Leur maison était un «palais» isolé en haut de Governor's Bay Road, surplombant l'ensemble de la baie et du port. Les premiers colons étaient arrivés là, à Lyttelton, en 1850, avaient marché péniblement avec tout leur équipement jusqu'au sommet des collines de Port Hills et avaient contemplé les plaines de Christchurch de l'autre côté. Que cette première vue a dû être extraordinaire et comme ils ont dû se sentir épuisés après leur voyage de six mois depuis l'Angleterre à bord d'un voilier. Je me sentais fatiguée après les trente-six heures de voyage en avion et j'étais heureuse que nous n'ayons pas prévu de faire beaucoup de marche pendant l'après-midi. Le jour de Noël était chaud et ensoleillé. Nous avions prévu de nous rendre à Brighton Beach au coucher du soleil, de revenir vers North Beach et de disperser subrepticement quelques cendres de Maman dans le va-et-vient de la marée montante.

Mais lorsque nous y arrivâmes en fin de journée, le vent était devenu froid, les nuages s'étaient accumulés dans un ciel bas et le ressac battait le rivage. Il n'y avait personne sur la plage et nous n'avions donc pas besoin de dissimuler nos actions. Nous avons cependant marché plus loin sur la plage, à l'écart du parking. Les gens étaient blottis dans leurs voitures et regardaient les vagues s'agiter et se déchaîner. Je ne voulais pas être un objet visible dans le paysage de la marée, mais surtout, je ne voulais pas qu'un fort vent du nord-est me renvoie les cendres au visage avant que la mer ne les réclame. Un gag de ce genre était également une réelle possibilité.

DERNIERS JOURS

Maman a définitivement quitté Wanaka le 13 septembre. Je lui avais parlé juste avant que ma sœur ne la reconduise à Christchurch au village de retraite de Ngaio Marsh.

«Une maison de retraite ? Pas de soins palliatifs ?» avais-je demandé lorsque Maxine m'avait appelée pour me faire part du lieu qu'elle avait choisi.

« Il y a des 'options', mais elles ne sont pas mises en évidence dans les brochures. Craig et moi pensons que c'est parfait pour Maman». Maxine avait fait toutes les recherches pour trouver un endroit adapté et avait choisi Ngaio Marsch pour son aspect, sa réputation et sa proximité.

En consultant leur site web, j'ai compris les autres raisons de son choix. Un petit ruisseau traversait la propriété. Il y avait des parterres de fleurs et des pelouses tondues, un atrium central et des cottages séparés permettant une vie dépendante. Ces détails n'intéressaient pas Maman - elle ne se souciait plus de savoir si l'herbe était bien coupée. Je l'ai appelée pour vérifier par moi-même qu'elle savait ce qu'elle faisait. La brève conversation qui a suivi, a brisé mon cœur une fois de plus.

«Es-tu sûre que c'est vraiment ce que tu veux faire ?» Ma voix était douce mais ferme.

«J'ai besoin de soins, Lynne. Je ne peux plus me débrouiller seule. Avoir quelqu'un qui vient me prodiguer des soins tous les jours n'est pas suffisant». Elle était claire, sans aucun signe d'hésitation.

«Tu sais qu'en partant, tu ne reviendras pas.» Il n'était plus temps de tergiverser.

«Oui, je sais.»

«C'est le moment, alors ? Tu en es sûre ?» Je voulais en être certaine.

«Oui, j'en suis sûre».

Alors on y était.

Maxine a réussi à parcourir seule les sept heures de trajet en voiture jusqu'à Christchurch. J'ai admiré une fois de plus la force et le courage pratique de ma sœur. Elle était un mélange original d'artiste talentueuse et de Florence Nightingale. Je me suis demandée si elle et moi avions bien émergé du même chaudron. Nous ne pouvions pas avoir le même patrimoine génétique !

Ainsi, Maman est passée d'une vie sociale dynamique et d'une maison qu'elle avait fait sienne à un lit d'hôpital dans une chambre simple avec une seule fenêtre. Elle s'allongea et ne se leva plus, sauf pour aller aux toilettes. Elle reçut tous les soins imaginables qu'elle pouvait souhaiter, mais personne ne put soulager sa douleur. Ma sœur organisa des visites de moines, de prêtres, d'un psychiatre médico-légal, d'amis à nous, de membres de la famille : toute personne susceptible de soulager pendant une heure ou deux l'agonie et le fardeau du processus de fin de vie.

Nos conversations s'étaient réduites à de courtes phrases depuis qu'elle s'était allongée pour mourir. Elles aussi prirent fin lorsqu'ils augmentèrent les doses de morphine et ajoutèrent du Fentanyl au cocktail. À plusieurs reprises, Maxine et moi avons pensé que c'était «la fin», mais «la fin» s'est éternisée. J'ai pris l'habitude de lui lire des poèmes chaque fois que ma sœur appelait, c'est-à-dire la plupart du temps le soir, à mon heure. Je ne savais pas quoi d'autre offrir et n'avais pas la moindre idée si j'aidais ou entravais son chemin. Je me souvenais du voyage en voiture vers Makarora, lorsque j'avais pensé faire quelque chose qui lui plairait et qu'elle m'avait avoué après coup à quel point elle s'était sentie malade. Peut-être que c'était la même chose maintenant. Peut-être que je la forçais à faire un effort pour écouter alors que tout ce qu'elle voulait, c'était qu'on la laisse tranquille. J'espérais au moins que le son de ma voix agissait telle une berceuse, même si les mots lui étaient incompréhensibles. Peut-être que je lisais pour les vivants plutôt que pour les mourants. Je n'en savais rien.

Bien que l'accompagnement des mourants soit une pratique ancienne, notre société a fait de son mieux pour en ignorer l'importance. Peu de gens savent ou cherchent à se former à l'accompagnement d'un être cher pour son dernier voyage. Ni ma sœur ni moi n'étions plus au fait qu'un autre. C'était une affaire de hasard. J'ai prié pour sa délivrance.

Ma sœur, qui prenait de ses nouvelles tous les jours, semblait penser que Maman avait encore des choses à faire avant de partir. J'imaginais qu'elle était impatiente de mourir - d'en finir pour pouvoir passer à autre chose. C'est ainsi qu'elle était dans la vie. Elle « allait de l'avant ». Cela aurait pu être son credo. Cela pourrait être son épitaphe. Mais devait-elle d'abord déterrer toute la douleur enfouie sous ses os avant de pouvoir être dé-livrée ? Elle n'avait nulle part où aller, plus rien à faire, personne avec qui elle devait être. Elle était seule avec ce que son esprit embrumé par la morphine pouvait lui insuffler.

Au cœur de mon esprit, j'ai imaginé les bras grands ouverts de la Déesse Mère, souriant avec bienveillance, attendant de la recevoir. Il n'y avait aucune condition à son Amour. C'était si facile dans mon esprit. Pourquoi ma mère ne pouvait-elle pas simplement se laisser aller ? Pourquoi cette agonie ? Mais son voyage n'était pas le mien et je ne pouvais pas parcourir son chemin à sa place. Au téléphone, je parlais à ses yeux fermés et à sa respiration saccadée.

«Prends tout le temps qu'il te faut, Maman. Tu sauras quand il sera temps de lâcher prise. C'est à toi de décider.» Tiraillée entre la vieille femme sage et l'enfant endeuillé, je ne savais pas qui je taquinais. Comme elle, je voulais que «ça» se termine, mais je ne voulais pas non plus qu'elle parte. Je me suis demandée comment les gens faisaient face à la fatigue d'essayer d'être présents auprès des mourants et éveillés aux vivants lorsque l'agonie se prolongeait.

Je me suis souvenue du film de Sidney Pollack, *On achève bien les chevaux*. Je l'avais vu il y a longtemps, mais j'avais gardé en mémoire des scènes du film qui me sont revenues avec une grande clarté. Pendant la Grande Dépression, des jeunes gens participent à un marathon de danse. Le dernier couple debout gagne un prix substantiel en espèces. Les autres paient pour les voir souffrir, s'effondrer et peut-être mourir. Le film m'avait laissée pleine de désespoir devant l'impuissance de la condition humaine. J'avais ressenti âprement la futilité d'une vie humaine. L'agonie de ma mère me semblait tout aussi cruelle et inutile, mais il n'y avait pas d'autre choix à ce stade.

La Nouvelle-Zélande a proposé un projet de loi sur le choix de la fin de vie en 2019, loi qui est entrée en vigueur en novembre 2021, après un référendum en 2020. J'avais lu toute la documentation en ligne et je m'étais rendue compte que Maman remplissait tous les critères, sauf l'essentiel : elle devait en faire elle-même la demande. Nous avions discuté de la question à l'époque du référendum et elle avait voulu en débattre dans son groupe de discussion en 2020, mais en août 2022, le sujet n'était de loin plus un débat. Je n'avais pas eu le cœur d'en reparler avec elle.

À la mi-novembre, je n'arrivais pas à imaginer la moindre raison à la souffrance insensée dont j'étais témoin chaque soir sur un petit écran de téléphone. Sa silhouette, rétrécie, était encore parée d'un pyjama en soie verte. Ses traits étaient émaciés, encore accentués par l'absence de dentier. Sa respiration était laborieuse. L'aide à mourir semble être une excellente idée, que j'envisagerais sérieusement si je me trouvais dans des circonstances similaires. Mais est-ce bien vrai ? Pour moi, le sujet était encore à l'état de débat, car l'heure de ma mort n'avait pas encore sonné. Mon frère, Ross, était trop positif pour avoir seulement imaginé qu'il était en train de mourir. Maman et lui étaient faits du même bois, alors peut-être que Maman s'accrochait encore à l'idée que ce n'était pas vraiment en train d'arriver.

Mais c'est le chanteur Englebert Humperdinck qui a eu le dernier mot. Maxine m'a appelée le 19 novembre à 12h45. Sa voix était pleine d'excitation.

« Elle est partie - elle s'en est allée – c'est fait ! Nous jouions « Please release me, let me go », - (s'il te plaît, libère-moi, laisse-moi partir) » et elle l'est ! Elle est partie sur le refrain !»

Pyjama en soie vert émeraude et Engelbert ! Vraiment, ma mère n'aura pas cessé de m'étonner même lors de son dernier souffle.

LA VIE CONTINUE - LE STUDIO D'ART DE MAXINE

Il est 11 heures du matin, le 20 janvier 2023. Je suis dans une salle spacieuse au premier étage de l'Arts Centre, en face du musée et des jardins botaniques de Christchurch. L'Arts Centre était «mon» université il y a 50 ans, avant que le campus ne soit déplacé à Ilam. Une grande partie de ce bâtiment historique s'est effondrée lors des tremblements de terre, mais il retrouve lentement sa grandeur d'antan. Les murs de l'atelier de Maxine ont l'air solides et sont pleins de couleurs. Je suis ici aujourd'hui pour dédicacer mon livre pour mes amis et ma famille.

J'ai organisé mon « stand » derrière une table à tréteaux disposée le long d'un mur. De ma position assise, mon regard se porte sur un petit pastel représentant un paysage aquatique, posé sur un chevalet sur une étagère à la hauteur de mes yeux. Il me fait penser au lac que j'ai laissé au sud, à Wanaka. Je repense à mon arrivée au cottage le lendemain de Noël.

DERNIERS ADIEUX

Je me suis rendue à Wanaka le lendemain de Noël. J'ai ouvert la porte du cottage et je l'ai trouvé exactement comme dans mon souvenir lorsque je l'ai quitté le 12 août 2022.

Je pensais que la cérémonie de crémation improvisée à Paris en novembre avait permis de tourner la page. Je pensais que le fait de jeter ses cendres dans l'océan le jour de Noël avait permis de tourner la page. Je pensais que le fait d'en enfouir davantage dans la terre à côté de sa mère et de sa sœur avait permis de tourner la page. Rien, absolument rien, ne m'avait préparée au tsunami de chagrin qui m'a submergée lorsque je suis entrée dans la maison de «Maman» le 26 décembre en fin d'après-midi. J'étais une enfant qui pleurait à chaudes larmes et que sa Maman avait laissée seule. Elle ne savait pas quand sa Maman reviendrait, ni ce qu'elle ferait si elle ne revenait pas. J'étais en train de pleurer comme une fontaine, comme cette enfant-là et de décharger la voiture en même temps quand Donah a traversé le chemin.

«Heureuse de te revoir, comment vas-tu ?» Grand sourire. Elle venait d'arriver chez elle et n'avait même pas encore ouvert sa porte. Sa fille adulte handicapée attendait patiemment sur le pas de la porte. Je suis tombée dans les bras de Donah en sanglotant de façon incontrôlée. J'étais incompréhensible, mais Donah a tout de suite compris. Elle m'a emmenée à l'intérieur, m'a fait asseoir et a mis la bouilloire à chauffer. Elle m'a préparé une «cuppa» : la tasse de thé britannique qui guérit tous les maux. Elle avait toujours été là pour ma mère et maintenant elle était là pour moi. Je ne savais pas si elle était spécialisée dans le «sauvetage des Burneys», mais je savais qu'une tasse de thé noir fort ferait l'affaire.

«A quoi pensais-tu en entrant seule dans la maison pour la première fois depuis le départ de Maureen ? » demanda-t-elle avec un doux sourire.

«Naïveté totale», ai-je répondu d'un air piteux lorsque j'ai pu à nouveau aligner deux mots.

Elle m'a quittée pour aller ouvrir sa propre maison et y faire entrer sa fille. Celle-ci pouvait voir sa mère de l'autre côté de la rue, par les baies vitrées de la façade, et elle était sûre qu'elle reviendrait. La mienne ne reviendrait pas.

JOUR DE L'AN 2023

Un vent venant du lac a soufflé pendant la majeure partie de la journée, mais en fin d'après-midi, les eaux du lac étaient lisses. C'était la pleine saison des vacances, mais s'ils n'étaient pas en train de pique-niquer au bord du lac, de nombreux vacanciers étaient déjà rentrés chez eux ou étaient partis flâner en ville pour prendre un verre et le repas du soir.

Jean et moi avons conduit jusqu'au lac et nous sommes garées au bord. Nous étions déjà en maillot de bain. Nous avons glissé dans le haut de nos maillots de petits sacs en plastique contenant chacun une cuillerée de cendres de Maman. J'ai enfilé des chaussures en plastique pour protéger mes pieds des galets qui menaient dans l'eau. Nous sommes entrées lentement dans le lac jusqu'à ce que l'eau nous arrive à la poitrine et que nos pieds reposent sur un fond sablonneux. Il n'y avait personne dans les environs. Le soleil avait entamé sa descente progressive. Nous étions assez loin dans l'eau pour que nos pieds rebondissent légèrement sur le fond du lac et que nous ressentions la joie de l'apesanteur que la profondeur de l'eau apporte au corps. Des motifs lumineux, comme autant de filets de pêche, dansaient délicatement à la surface d'une eau translucide. Nous avons lâché dans l'eau le contenu de nos sachets.

«Maman, c'est le jour de l'an. Il n'y a pas un souffle de vent. Tu adorerais ici en ce moment. Toi qui murmurais vouloir que tes cendres reposent au fond du lac. Alors nous voilà, Jean et moi. Ne t'inquiète pas, personne ne peut nous voir. Nous laissons une partie de toi dans ce lac. Merci pour la poésie de ce moment que Jean et moi partageons en ton honneur. OM Shanti, Shanti, Shanti - Paix, Paix, Paix».

«Que Dieu te bénisse, Maureen, ma chère amie.»

Nous avons regardé, hypnotisées, les cendres qui se dispersaient dans la lumière, lentement, en quête d'une place au fond de l'eau, parmi les rochers et le sable. Elles n'ont pas disparu dans l'agitation et le fracas d'une vague venue de l'océan. Elles ont glissé avec grâce et élégance vers l'anonymat et la sérénité, à l'image de ma mère.

Au bout d'un moment, le froid du lac alimenté par la montagne m'a rattrapée. J'ai commencé à remonter lentement vers la berge, laissant Jean communier un peu plus longtemps avec son amie, dans la lumière, seule.

RÊVERIE INTERROMPUE

Deux fillettes asiatiques me ramènent du bord du lac et de la lumière du jour mourant vers la Vie et son insatiable quête d'expression. Elles errent dans l'atelier de ma sœur, curieuses, inconscientes de l'intensité de mes souvenirs. Il est improbable que deux jeunes filles parlant chinois achètent à Christchurch un livre sur un pèlerinage en Espagne écrit par un écrivain basé en France, mais des choses plus étranges sont déjà arrivées.

Le lendemain je suis à nouveau dans un avion, direction le nord et l'hiver. L'argenterie de Maman est dans la soute et, dans mon bagage à main, une minuscule boîte en bois avec un motif en peau de léopard sur le couvercle contient encore quelques cendres. Je conserverai l'argenterie et ressens de la réticence à l'idée d'enterrer les derniers restes dans un jardin que je quitterai un jour.

Long est le chemin du retour.

Questions

Quel type de relation entretenez-vous avec votre mère ?

Pouvez-vous la considérer à la fois comme une personne et une mère ?

Qu'est-ce qui vous plaît chez elle en tant que personne mais pas en tant que mère ?

Qu'est-ce que vous n'aimez pas chez elle en tant que personne,
mais que vous aimez en tant que mère ?

Si vous aviez une baguette magique, quel genre de mère feriez-vous apparaître ?

De quelle manière Mère Nature a-t-elle été une source de réconfort dans votre vie ?

Que faites-vous pour La protéger du mal qu'on pourrait lui faire ?

Comment célébrez-vous la plénitude de votre vie ? A quelle fréquence ?

SIXIÈME PARTIE

Denudare – Mise à nu

LA VIE EST UN FEUILLETON.

Il est facile de se laisser prendre par un feuilleton. Vous devenez « accro » aux drames de la vie quotidienne d'un groupe de personnes qui tombent amoureuses, cessent d'être amoureuses, et se font parfois des choses terribles les unes aux autres. Il existe un feuilleton qui passe tous les soirs sur l'une des chaînes de la télévision française après le journal de 20 heures et la météo, juste avant le prime time. Son générique accrocheur est en anglais et les personnages sont pour la plupart minces, blonds, splendides. Ils vivent tous dans des appartements fabuleux et ont des emplois merveilleux. L'action se déroule à Montpellier, mais c'est seulement parce que les acteurs parlent français que j'y crois. Ils pourraient aussi bien être en Floride ou dans un endroit qui promet aux téléspectateurs français une touche d'exotisme. La série est diffusée cinq soirs par semaine depuis août 2018. Comme tous les bons feuilletons, il est difficile de ne pas le regarder si la télé est allumée.

Dans un épisode récent, l'un des protagonistes, un médecin marié à une femme d'affaires prospère, se voit offrir un test ADN pour son anniversaire. Il découvre qu'il a une fille et un petit-fils qui se présentent à sa porte pour le week-end. Il en parle à son meilleur ami, un inspecteur de police. Le téléspectateur est témoin de son exultation. Il est rieur, débordant de joie et d'incrédulité. Je sais exactement ce qu'il ressent. Je le sais parce que c'est exactement ce que j'ai ressenti au sujet de mon frère, à partir du moment où j'ai entendu parler de lui jusqu'à ce que je le rencontre et que je passe du temps avec lui en Nouvelle-Zélande et en France. Ce qui m'intéresse et me fera suivre les prochains épisodes, c'est ce qui lui arrivera lorsque la réalité viendra interrompre le fantasme. Je ne sais pas quel sera le résultat, mais je suis certaine que le scénariste ramènera le personnage du Dr Alain sur terre avec un peu de l'impitoyable réalité.

Cela a été la même chose pour moi. J'avais placé mon frère sur un piédestal si haut depuis que je l'avais rencontré qu'aucun mortel n'aurait pu survivre à l'air raréfié qui régnait là-haut.

Il n'est pas vraiment tombé de son piédestal, il m'a plutôt laissée tomber. C'était un événement tellement mineur qu'il ne me semble guère mériter d'être mentionné. Je ne sais pas trop ce qu'un scénariste ferait de cet épisode-là.

Après avoir quitté le monde de la radio, Ross s'est installé à Wanaka et a acheté un commerce de vélos et une agence de voyage. Je n'ai jamais vraiment compris le lien, mais mon frère était un homme d'affaires et j'ai donc supposé qu'il savait ce qu'il faisait. Il m'a envoyé des photos de lui en train de faire du vélo au Viêt Nam sur l'un de ses vélos de location et j'ai donc imaginé que son entreprise vendait des forfaits vélo vers des destinations exotiques. Je savais qu'il possédait déjà la société en 2012 lorsqu'il est venu en France pour le mariage de mon fils, mais je ne me souviens pas de l'année où il l'avait achetée. Nous avions prévu de parcourir ensemble le Central Otago Rail Trail lors de mon prochain voyage en Nouvelle-Zélande.

1ER JANVIER 2013

Tout était prévu et l'hébergement des quatre jours du parcours réservé. La récupération du vélo était organisée. Tout était prêt : mon short rembourré et mes gants de cyclisme. J'avais vraiment envie de partir à l'aventure avec mon frère bien-aimé. Même après presque vingt ans, je le regardais encore comme un jeune enfant s'émerveille devant un sapin de Noël. Nous avions prévu de partir de Clyde le 2 janvier. Un de ses vieux potes, un autre Ross, se joignait à nous. Lui et sa femme étaient déjà à Wanaka et prévoyaient de nous rejoindre le lendemain à Clyde.

Nous nous sommes retrouvés au Florence's, un café du coin au cadre rural avec un air d'international. Ross et Petrea étaient là. Maxine, Maman, Craig et moi étions tous assis à l'intérieur autour d'une grande table. Le jour de l'an était un peu frais cette année-là et toutes les tables extérieures étaient de toutes façons occupées. Nous avons commandé des cafés, des thés et des en-cas dans le brouhaha d'un café bondé.

«Écoute, Frangine, je ne vais pas pouvoir faire le parcours avec toi et Ross.» Ses mots me heurtèrent comme un aiguillon à bétail.

«Et pourquoi donc ?» Ma déception était flagrante. Mon ton, irrité.

«C'est une période de l'année très chargée pour nous et je ne peux pas me permettre de m'absenter pendant cinq jours. Je suis vraiment désolé, Frangine.»

«Oui, bien sûr. Je comprends vraiment.» Et de fait, je l'ai vraiment fait. Je savais ce que c'était que de diriger sa propre entreprise. Je savais que l'été était la saison de pointe pour son commerce de vélos. J'ai commencé à masquer ma déception sous un ton plus conciliant.

«Petrea et moi vous accompagnerons demain jusqu'à Chatto Creek. Nous vous laisserons là et toi et Ross pourrez continuer sans nous. Nous avons déjà prévenu les trois hôtes qui vous hébergent le long de la piste.» Il avait tout prévu. Bien sûr qu'il l'avait fait. C'était un planificateur. Il savait tout ça depuis un certain temps, c'était évident. Pourquoi suis-je la dernière à le savoir ?

Personne d'autre ne bronche. Ils écoutent et sirotent.

«Ross est-il au courant ? Est-il d'accord pour faire le parcours avec moi ? Nous nous connaissons à peine.» Je sais que ma déception est en train de sortir de sa cachette. Je l'y repousse à nouveau.

«Eh bien, ce sera une belle journée ensemble demain.» Je peux rivaliser avec lui pour ce qui concerne la pensée positive quand c'est nécessaire. Je sais que lorsque Maman, Maxine, Craig et moi ferons, plus tard, au cottage, l'autopsie de l'annonce, je le défendrai (comme je sais que ma sœur le fera). Nous lui trouverons des excuses acceptables. Notre mère sera plus sévère, mais son histoire n'est pas la nôtre. Nous ne demanderons pas à Petrea ce qui se passe vraiment. Je persiste à penser que ce comportement n'est pas caractéristique de mon frère. Peut-être que lui et moi avons tous les deux de la poussière d'étoiles dans les yeux quand nous nous regardons. Il ne peut rien faire de mal à mes yeux, pas plus que moi aux siens.

Si quelque chose n'allait pas, me le dirait-il ? Moi, je le lui dirais parce qu'il est mon frère aîné et qu'il répond à l'idée que je me fais des frères aînés. Les frères aînés sont sages. Ils sont toujours là pour vous quand vous avez besoin d'eux. Ils écoutent. Ils donnent des conseils judicieux. Vous pouvez leur poser des questions auxquelles ils ont toujours la réponse. Ce sont des âneries auxquelles j'adore croire mais que je ne peux pas croire parce que mon frère parfait vient de me laisser tomber.

Le lendemain, comme prévu, nous avons retrouvé l'autre Ross et sa femme, qui allait suivre le chemin en voiture et nous rejoindre à la fin à Middlemarch. C'était une journée parfaite. J'avais l'air ridicule dans mon short de cycliste et mon casque, mais je me suis rendue à Chatto Creek où nous avons dit au revoir à mon frère et à sa femme. Ross, son copain, et moi-même avons poursuivi notre route pendant trois jours. Nous avons appris à bien nous connaître. C'était un vrai gentleman : gentil, attentionné et bavard. Nous avons beaucoup parlé de mon frère, mais aucun de nous ne pouvait vraiment comprendre ce qui l'avait poussé à se retirer du voyage qu'il avait planifié et organisé pour que nous puissions tous en profiter. C'était une superbe balade. J'ai pris de superbes photos. Nous avons séjourné dans des endroits superbes. Nos hôtes étaient superbes. C'était différent sans mon frère, mais pas moins agréable. Je ne regrettais pas d'avoir poursuivi l'aventure sans lui, mais je restais perplexe.

Quelques jours après la randonnée, de retour à Wanaka, mon frère m'a appelée. Nous avons parlé de la balade, mais il n'écoutait pas vraiment.

« Frangine », dit-il au téléphone, « j'ai besoin d'un peu d'argent. Je me demandais si je pouvais te demander un prêt. Je pourrais le rembourser avec un taux d'intérêt intéressant, meilleur que celui de la banque ». Je me suis sentie comme un porc-épic soudainement sur la défensive. Je sentais les «piquants» de ma nuque frémir.

« Combien ? » ai-je demandé et il me le dit. C'était une somme astronomique. Je n'ai pas dit «oui» et je n'ai pas dit «non».

« Je peux passer cet après-midi pour qu'on en discute, frérot ? »

«Bien sûr, ce serait super.» Tout était super.

NON, ce n'était pas « super » ! Personne dans notre famille ne m'avait jamais demandé de prêt auparavant. Je ne me souvenais pas qu'un de mes amis m'ait jamais demandé un prêt. D'aussi loin que je me souvienne, je n'avais jamais emprunté d'argent à qui que ce soit. La règle tacite était : «Si tu ne peux pas payer, tu ne peux pas l'avoir». Mais mon frère et moi n'avions pas grandi dans la même famille. Ses règles n'étaient pas les miennes. Il avait toujours eu l'air d'être à l'aise financièrement. Je n'étais pas en colère contre lui. Je n'étais pas déçue par lui. Mais je n'étais pas non plus tentée d'accéder à sa demande. J'étais lucide et résolue. S'il devait me demander cela, c'est qu'il était désespéré. Ses deux enfants prévoyaient de grands mariages en blanc, très élaborés, comme mon fils et ma belle-fille. Bien sûr, il ne pouvait pas se permettre d'aller faire du vélo avec sa sœur et son bon ami Ross. Le fait qu'il me demande une telle somme signifiait qu'il était vraiment dans la merde et qu'il n'en avait parlé à personne d'autre. J'avais l'argent sur un compte d'épargne. J'aurais pu le lui laisser, mais mon intuition me disait que cette somme pouvait être bien plus qu'une goutte d'eau dans l'océan.

Je ne sais pas comment un scénariste aurait décrit ce qui s'est passé cet après-midi-là, lorsque je suis allée voir mon frère. Je ne sais pas si ce qui s'est dit entre nous aurait fait l'affaire d'un feuilleton télé. Ce que je sais, c'est qu'à partir de ce moment-là, je n'ai plus regardé Ross à travers la poussière d'étoiles. J'avais grandi. C'était un homme d'appétits et maintenant il allait devoir payer pour les avoir mal gérés. Et je ne l'aimais pas moins. Il était mon frère.

«Frangin, je ne vais pas te prêter cet argent parce que je ne veux pas que l'argent se mette un jour entre nous. Je t'aime trop.»

«C'est bon, Frangine. Vraiment. J'ai juste pensé que je devais demander.» Je vois qu'il est soulagé, presque content.

Est-ce que j'ai imaginé cela ? Je savais que je ne résoudrais pas son problème pour lui, mais je ne savais pas quel était le problème, vraiment. J'attendais qu'il me le dise, mais il ne pouvait - ou ne voulait - pas le faire. Un an plus tard, les choses se sont précipitées et ses deux entreprises se sont vendues pour un euro symbolique. Il a commencé le long chemin pour réinventer, à partir de rien à Otematata.

En janvier 2017, nous avons enfin fait du vélo ensemble. Pendant deux jours. Rien que tous les deux. Cette fois, je portais des vêtements de sport français haut de gamme. Des vêtements gratuits offerts par un client. Nous avons rejoint le « Alps to Ocean Trail » au lac Pukaki et avons roulé jusqu'au lac Ohau pour y passer la nuit. C'était un parcours difficile, mais je n'allais pas me plaindre. Les discussions profondes et significatives n'ont jamais eu lieu au cours du dîner au lodge, mais je me souviens qu'il a dit, entre deux bouchées, qu'il dirigeait les entreprises des autres bien plus efficacement qu'il n'avait jamais dirigé les siennes. Il était lucide. Il n'était pas du genre à regarder en arrière et je ne lui ai donc jamais demandé s'il regrettait d'avoir déménagé à Wanaka et d'avoir quitté le Radio Network et un salaire confortable. C'était quelqu'un qui, lorsqu'il voulait quelque chose, mettait toute son énergie à l'obtenir. Il refusait de laisser l'argent l'arrêter - même au point d'utiliser celui des autres pour obtenir ce qu'il voulait. Il croyait tellement en lui que je ne pense pas qu'il lui soit jamais venu à l'esprit de douter. Mais ça, c'était moi qui le voyais et l'entendais de l'extérieur. S'il a jamais douté de lui-même, il ne l'a jamais partagé avec moi. Ce qui m'a le plus permis d'entrevoir l'homme dans toute sa dimension, c'est le petit sourire qu'il m'a adressé lorsque j'ai refusé sa demande de prêt. J'ai cru et continué à croire que lui aussi était reconnaissant de ne pas être encore plus ligoté par l'argent. Je n'ai jamais compris son rapport à l'argent. J'aimais sa générosité, mais ne voyais pas ce qu'elle lui coûtait. Peut-être que mon manque de générosité à son égard a été une source de déception pour lui. Peut-être l'ai-je laissé tomber lorsqu'il avait besoin de moi. Nous n'avons jamais eu cette conversation. Je n'avais pas intégré la possibilité de sa mort dans mes réflexions. A partir du moment où c'est arrivé, tout le reste est devenu hors.

Et maintenant, il n'est plus là. Ses cendres sont enterrées dans la même tombe que les parents qui l'ont élevé et lui ont tout donné. C'était mon frère. Et je l'aimais tout simplement.

Questions

Avez-vous déjà prêté de l'argent à un ami ou à un membre de votre famille ? Comment cela s'est-il passé ?

Quelle était la place de l'argent dans votre famille d'origine ?

Quelle place occupe-t-il aujourd'hui ?

Avez-vous déjà été déçu par un ami ou un membre de votre famille ?

Comment avez-vous réagi ?

Citez deux obstacles à l'amour.

Si vous pouviez réécrire le scénario de votre vie, qu'ajouteriez-vous ?

Que laisseriez-vous de côté ?

Remerciements

L'écriture d'un livre est encore une nouveauté pour moi et j'apprends encore comment tout se met en place, grâce au soutien de certaines personnes - et parfois, grâce à une conversation avec quelqu'un, à un moment donné, quelque part.

Je suis redevable au petit « Writing Group » (groupe d'écrivains amateurs), qui se réunit en ligne tous les dimanche soir depuis deux ans. Chaque dimanche, à tour de rôle, nous lisons notre « boulot » à voix haute avant de recevoir en retour des commentaires encourageants sur ce qui fonctionne et sur ce qui a besoin d'être retravaillé. Kris, Rita, Mark et Philippe, je vous remercie tous infiniment. Vous êtes tous de grands écrivains. Vous méritez tous d'être publiés.

Je remercie une fois de plus James Nave. Tes observations et tes «pépites» de sagesse ont orienté mon histoire dans la bonne direction. Merci à Christina Thiele, qui semble comprendre intuitivement ce qui me plaira en matière de design. Merci à Jennifer Sanders pour son soutien et ses encouragements indéfectibles - pour avoir pris toute cette affaire en main et l'avoir poussée avec une détermination sans faille jusqu'à ce qu'elle devienne un livre que l'on peut vendre à d'autres. Merci à Laurie Gibson pour avoir édité ce livre avec gentillesse et perspicacité. Laurie, vous vous êtes engagée dans l'histoire non seulement en tant que rédactrice, mais aussi de la manière dont j'aimerais que le lecteur s'engage : « Cela parle aussi de moi ».

Je suis aussi reconnaissante à Beatrice Bernard pour sa relecture méticuleuse. Son œil de lynx a repéré toutes les erreurs et incohérences qui, sans elle, seraient passées au travers des mailles du filet.

Sarada Yadava, ma bonne amie, tu sais combien j'apprécie ta contribution.

Je remercie Marilyn Welsh d'avoir accepté d'être ma première lectrice. Marilyn, j'ai apprécié tes encouragements et je te respecte profondément pour ta gentillesse et ta générosité.

Bienveillance et disponibilité...la démarche du deuxième ouvrage que j'achève ici doit énormément à Michèle Batany et à Richard de Vendeuil. Sans eux ce récit n'aurait peut-être jamais vu le jour hors sa version originale anglo-saxonne. Leur amicale complicité a changé la donne ! Alors merci à vous deux – Michèle, Richard – d'avoir éclairé le récit d'un mot juste, d'un témoignage ou de réflexions parlantes. Merci aussi à

Béatrice Bernard d'avoir rejoint le duo et participé à la mise en cohérence de l'ensemble de cette chronique.

Enfin, et c'est le plus important, je remercie profondément et sincèrement les membres de ma famille qui ont accepté de partager ma vulnérabilité alors que je cherchais des mots qui traduiraient mon expérience authentique de notre famille sans trahir la leur. Ce fut une tâche considérable. J'espère que je vous honore et que vous vous sentez « en sécurité » en lisant ce qui doit être ma perception personnelle des événements.

A propos de l'autrice

Lynne Burney est née à Christchurch, en Nouvelle-Zélande, en 1952. Elle vit et travaille en France depuis plus de quarante ans. Elle est coach de dirigeants depuis plus de vingt-six ans et dirige sa propre école - LKB School of Coaching - à Paris depuis vingt-trois ans. Elle a un fils et deux magnifiques petites-filles.

Son premier livre, « Pèlerin un jour, coach toujours », a emmené ses lecteurs en pèlerinage sur la tombe de Saint Jacques de Compostelle, en Espagne, et a été publié en 2022. Son deuxième ouvrage emmène ses lecteurs sur le chemin de la joie, de la perte et du deuil qui s'ensuit. Mais il s'agit avant tout d'une célébration de la résilience humaine. Ces deux livres sont une ode à la vie.

Postscriptum

Dans la soirée du 15 mars, 2024 j'ai animé une cérémonie « mélange-des-cendres » dans mon jardin à Paris
avec pour témoins Barbara Morgan* et Richard (mon
mari). J'avais invité Barbara à faciliter un atelier de trois
jours sur les constellations familiales à Paris. Grâce aux
participants qui ont réalisé leur propre constellation familiale pendant ces trois jours-là, il est devenu évident
pour moi que j'avais encore une étape à franchir en ce
qui concerne ma mère et mon frère – étape qui pourrait
mener en toute sécurité leurs âmes à la maison pour se
reposer ensemble sous un rosier. J'ai mélangé un peu
des cendres de leurs deux corps dans une soucoupe
ayant appartenu à Nana - ma grand-mère maternelle.
Symboliquement le fils était réuni avec sa mère, celle
qui lui a avait donné la vie.

*Barbara Morgan's website - www.cominghome.org.uk